校長の行動戦略入門

カリスマじゃなくても変化を起こせるマインドと方法

JN241179

札幌新陽高等学校長
赤司展子

明治図書

まえがき

はじめまして、「複業する校長」の赤司展子です。北海道にある札幌新陽高等学校（以下、新陽高校）の校長を務めています。校長をやりながら、自分が創業したウィーシュタインズ株式会社の代表取締役や、ＮＰＯや社団法人の理事なども兼務しています。従事する時間や仕事量における差はあれど、何が主（メイン）で何が副（サブ）であるという意識はなく、全ての仕事や役割において主体的に取り組みたいと思っているので、あえて「副業」ではなく「複業」という言葉を使っています。

新陽高校は、北海道札幌市南区にある全日制普通科の私立高校です。１９５８年に札幌慈恵女子高等学校として開校、１９８７年に共学化された際に札幌新陽高等学校と改名し、まもなく創立70周年を迎えます。私はその第13代校長として２０２１年４月に就任、今年４年目になりました。

現在は新陽高校がある札幌に住んでいますが、２０２１年４月に校長になるまで、札幌どころか北海道とは縁もゆかりもありませんでした。また、教員免許は持っていませんし、新陽高校以前に学校で働いたこともなく、２０１４年に福島県双葉郡の教育復興プロジェクトに携わるまで、学校教育とはかけ離れたビジネスの現場でずっと働いていました。

そんな私がなぜ札幌で校長をしているのかというと、きっかけは偶然というかご縁としか言えないのですが、続けているのには必然性があるとも感じるようになりました。

私は、長年教育現場で経験を積んできたベテラン校長でもないし、特別な改革を進めたカリスマ校長でもない。新陽高校は予算が潤沢なわけでも、特別な教員や生徒を集めているわけでもない。それなのに、新陽高校を視察したいという問い合わせは後を絶たず、メディアの取材を受けることもしばしば。２０２３年にはForbes JAPANの「INNOVATIVE EDUCATION 30」に選ばれ、「地方私学のロールモデル」として特集記事が掲載されました。私自身がセミナーや研修の講師を頼まれることも多く、依頼元の地域も学校種も様々です。

なぜこんなに注目されるのか。

それは、新陽高校でやっていることを「自分でもやってみたい」「これなら自分でもできるかもしれない」と思う方々がいるからではないかと思うのです。

変化の激しい不確実な社会で、学校も変わっていくし、変わらなければいけません。その学校現場で、「変わりたいけど変われない」と悩む声をたくさん聞きます。さらに、学校が変わるためにはリーダーである校長の意識や行動が大きく影響しますが、「校長（管理職）が変わらない、変わろうとしない」という声も少なくありません。

変われないのはたぶん、やり方が分からない、できると信じていない、やってみない、のどれか（あるいはその全部）です。ならば私たちのナレッジと経験をシェアしたら、やり方が分かって、できると思えて、やってみようとする人がいるかもしれない、そう思っています。

「複業する校長」と名乗り始めたのは、校長就任してすぐです。北海道の教育界や校長会でマイノリティである自分をどうしたら認識してもらえるか考えていた時、教員の複業でさえ一般的でないなかで「校長」が「複業」していたら面白いのではないか、そんな軽いノリで言ってみたのがきっかけです。

ですが、今ではこの名称は私の校長としてのあり方にもなっていると感じています。実際に兼業していることよりも、学校の外と中の視点を持っていること、教育とビジネスの両方の経験があること、素人であると同時にプロであるという意識を持っていること、教育者であると同時に自分自身が学びの主体であること、など、いくつかの分野や経験を越境し、複数の自分を持っている「複業する校長」としてのスタンスが、新陽高校が変革し続ける秘訣なのかもしれない、と思うのです。

この「複業する校長」はあくまでもメタファー（比喩）なので、この視点やスキルは実際に複業していなくても持つことができるはず。ただし、少しコツがあります。身に付けるためのトレーニングや、今いる環境から意識的に外に飛び出すことも必要です。そこでこれまで私が公開している実践事例や、やってみたいと思っている方法をこの本にまとめました。項目ごとに、もとになっている理論や考え方、ポイント、実践の背景について書いてあるので、一つでもヒントを見つけていただけたら幸いです。

本書は、初めて校長になる方やなったばかりの方、そして近い将来校長になろうと思っている方に向けたものです。特に、これまで教員として学校現場で働いてきて、急にリーダーとして学校経営や組織マネジメントを任された方のお役に立てればと思って書きました。そして、現在教員をしている方でも、学校とは関わったことがない方からも、学校の校長をやってみたい！という人が増えてくれたら嬉しく思います。

２０２５年１月／札幌新陽高校「複業する校長」　赤司展子

目次

第2章 「校長になることが決まってから」の行動戦略

第3章

「組織」を変える行動戦略

第4章

「業務」を変える行動戦略

第5章

「学び」を変える行動戦略

第6章 校長2年目からの行動戦略

序章

校長1年目で「職員会議をなくせた」わけ

やわらかいトップダウン

2021年4月に校長に就任して、最初に通した**「わがまま」が3つあります**。それ以外は、以前からやっていたことや前任の校長の体制のもと決まっていたことは、校長が変わってもそのまま進めてもらって構わないと伝えていました。

3つのわがままのうちの1つが、**毎月定例の職員会議をやめる**、というもの。

校種に関わらず、どの学校にも職員会議があります。たいてい全ての教員が一堂に介して学校に関する話し合いを行う場ですが、新陽高校の職員会議は連絡報告がメインでした。校務のデジタル化が進んでいて、クラウド上のドキュメントで事前に議題とその要項が共有され共同編集やコメントを入れることができ、会議では担当者が順々にそれを読み上げるような会議でした。新陽高校には60名ほどの教員がいるので、その人数がみんなで一斉に議論するのは効率的でも効果的でもなく、事前に関係者での調整や管理職の確認が済んでいることが前提となっていたからです。

その現状を知り、ならばあえて全員が集まって話を聞くだけの会議に意味があるだろうか、と考えました。また、月に一度の会議では報告が事後になることも珍しくありません。そこで毎朝の打ち合わせや全職員向けのチャットを使って情報共有することにして、定例の職員会議は廃止しました。おかげで、職員会議の時間が分散的に使えるようになっただけでなく、タイムリーに連絡報告が行われるようになりました。

実は、職員会議をなくした背景には別の側面もあります。コロナ禍での経験から、私たちは対面で人と会うことの価値をあらためて認識しました。今の学校の先生たちは本当に忙しく、わざわざ一堂に会するのであれば、そこに意義を見出す必要があると思います。新陽高校の場合、それが**教員同士の対話の場「中つ火を囲む会」**です。これについては後ほど詳しく述べますが、この対話の場を月に一度、定例で設けたいというのが私の本当のわがままでした。ちなみに、あと2つのわがままは、全校集会での「校長先生の話」の代わりにゲストを迎えた「多様性対談」を行うことと、学校のリブランディングです。

以降も時々、私のわがままを聞いてもらうことがあるのですが、それを「**やわらかいトップダウン**ですね」と言った教員たちがいます。トップダウンに、やわらかいもかたいもあるのかと思いますが、それが何かを変える時のコツなのかもしれない、と最近思っています。

校則を見直して見た目に関するルールを撤廃

やわらかいトップダウン、それはつまり**トップである校長からの提案**です。トップダウンは、リーダーが意思決定をして現場がそれに従って動くというものですが、フラットな関係や風通しが良い組織が好まれる場面では、ワンマン経営のような、ややネガティブなイメージを持たれることもある言葉です。トップの決定は絶対で基本的に異論反論は認めない、というトップダウンに対して、**方針は強く示すがみんなから意見を聴き当初の案について修正の余地がある**、とする私からの提案を「やわらかい」トップダウンと表現したのだと思います。

それは、校長になって最初の年のこと。新陽高校の生活指導規定（いわゆる校則）は、時代の変遷と共に継ぎ足しするような形で改定され、大幅な見直しは行われていませんでした。そのため、今の社会や学校のビジョンと合わない内容もありました。実は過去にも校則見直しについて生徒から意見が出たり、教員で議論したりしたことはあったものの、いろいろな理由で先に進まなかったようです。でも、その年掲げたスクールビジョン「人物多様性」に基づき、ジェンダーの多様性の観点から「男子の髪の長さ」の項目の削除提案があがると、他の項目やルール、指導方針についても多くの意見が出てきました。

ただ、この時私はまだトップダウンのアプローチは取らず、**ボトムアップでの動きを期待して待ちました**。あれだけ意見が出たのだからルール改定のフローに従って進むだろうと思ったのです。でも実際は、動き出した議論がまた止まりかけてしまいました。

そこで、校長名で「生活指導規定の見直しについての再提案」という文書をつくりました。なぜ規定の変更が必要か、規定は何のためにあるか、今後どのように見直しを進めるかなど、私の意見と具体案が書かれたものです。

それを受けて、もう一度、教員が動き始めます。今度は、フロー図に誰が・何を・いつやるかという具体が書き込まれ、改定版の校則の原案や生徒や保護者向けの文書が整えられ、会議の設定が進んでいきました。この動きに生徒も主体的に関わり、委員会や「校則カフェ」と生徒が名付けた対話の場も開催されました。おかげで、予想を超える短期間で校則の見直しが実現。「生活指導規定」は廃止、「学校生活規則」が新たに策定されました。

この学校生活規則は、**校訓「自主創造」**に従い「生徒が自分で考えて行動する」ことを目指したものであり、**ビジョン「人物多様性」**に基づき「多様な生徒および教職員が、お互いに自由かつ安心安全に学校生活を送る」ためのものです。見直しのきっかけとなった髪型など見た目に関する規定は一切ありません。

ネタばらしをすると、私の再提案は、生徒指導部の教員や校内の業務フローを整備する担当部署の教員と話し合ってつくった文書です。でも各部署との合議や教頭を含む管理職としての文書ではなく、校長単独の提案書とすることで、私自身の意志を示そうとしました。今思うと、シンプルに「校訓やビジョンと合わない校則をそのままにするのはイヤだ」という自分のこだわりだった気もします。それにみんなが共感したら動いてくれるだろう、そうならなければ仕方ない、自分の意見がポシャっただけということで一旦引こう、という感じでした。それを、近くで見ていた先生たちが「赤司さんのやわらかいトップダウン」と言ったのです。

「なんでなんで」さん、になる

校長としての私のリーダーシップスタイルは、緊急時のみトップダウン、やわらかいトップダウンが時々あって、基本は**ボトムアップのアプローチを尊重**したいと思っています。

そのために自律的人材が自律的な組織をつくる「学習する組織」＊1のコンセプトをもとにした学校モデルづくりに取り組んでいますし、本校の教員は自ら動くことが好きな人が多いので、一般的な学校よりはおそらくボトムアップが起きやすいチームだと思います。

そんな新陽高校でも、全く新しいアイデアを生んだり、あるいは既にやっていたことを変えたりする動きが、頻繁に起きるわけではありません。その時、ボトムアップを起こすコツは**「なんで？」と言ってみる**ことだと思っています。

学校に多い様々な定例行事。その実施要項は、日付や担当者だけが書き換えられ、あとは前年と同じ、ということがよくあります。教育の安定性や教員業務の効率性から、前年の要項を活用することは良いことなのですが、前回のものをコピーしただけのものは要確認です。それに対して「なんのためにやるの？」「なぜこのやり方？」と聞くと、「そう言えばなんでだろう……」と考えてくれるようになります。その結果、違うやり方が良かったとか、やらなくていいことだったと気付く場合もあります。

校長になって最初の半年くらいは本当に分からないことが多く「なんで？」「なんで？」を連発していました。面倒くさい校長だと思われていた気もしますが、そのうち先生たちも**まず「なんのためか」を考えてくれる**ようになり、要項を持って相談に来る時には、目的や背景がきちんと書かれていて、さらに「昨年はこうやっていたんですけど、今年はこうした方がいいと思うんです」と改善提案されることも増えました。

私が「なんで」と聞くのは、前職のコンサルティングファームでの経験から「So Why?」「So What?」が思考習慣となっているせいもありますが、実は子どもの頃からの癖のようなもの。幼い頃から好奇心が旺盛で、分からないことがあると「これなに？」「なんでこうなってるの？」と知りたがる「なんでなんで」ちゃんだったようです。三つ子の魂百までと言いますが、それが仕事に生きているのですから、私の「なんで」を受け流すことなく付き合ってくれた両親や姉に感謝しています。

誰でも身に付けて使えるようになる「複業校長シップ」

ボトムアップ型の取り組みが起きやすい組織の特徴として、**心理的安全性が高い**と言われることがあります。心理的安全性とは、自分の意見や気持ちを安心して表現できる状態のこと。心理的安全性を高める取り組みを讃える「心理的安全性アワード」という祭典があり、新陽高校は2022年に「シルバーリング」を受賞しました。

新陽高校については、**フラットな対話や正解のない対話を繰り返すことで教員自身が継続的に学び続ける場**づくりをしていることが評価されました。その場づくりにおいて大事にしている、お互いの意見や価値観を尊重し「聴く」ことと、挑戦を応援して「やってみよう」と背中を押すことは、私が校長として心がけていることでもあります。

「やわらかいトップダウン」も、「なんでなんで校長」の時も、私はなるべく聴くことに集中します。組織づくりや職場でのコミュニケーションにおける傾聴や対話についての本や記事もたくさんありますが、そこに書かれている技術以上に、**聴こうとする姿勢でいること**が大事なのではないかと思っています。

企業に勤めていた時、仕事における無駄が嫌いな私は早く結論を出したいタイプでした。そんな私が、結論を急がずに「**とりあえず聴く**」ことができるのは、自分のことを学校現場において素人だと思っているから。校長４年目にもなって素人気分では困ると言われそうですが、学校でだけ働いた経験がある人や教員として授業を行っている人にしか分からないことがあるのではないかと考えているので、まずは聴こうと思えます。

学校の外からの視点をもっていることは、客観的で前例にとらわれないことでもあり、「**とりあえずやってみよう**」と背中を押すことにもつながっています。教育以外の世界を知っていることで「なんとかなる」と思えたり、ビジネス経験で培った「なんとかする」スキルがあったり、さらには「なんとかしてくれる」人を知っていたりするので、挑戦を後押しすることができるのだと思います。

こういうマインドやスキルは、様々な業種や職種を経験した「越境キャリア」と、今現在も複数の仕事や立場を持っている「複業する校長」であることによって、私が後天的に身に付けたもの。そしてこの「複業校長シップ」と言えるようなものは、複業していなくても学んで身に付けることができ、使えるようになると思っています。

定例の職員会議をなくしたことや校則を見直したことも、ボトムアップで起きるたくさんの変化も、新陽高校だから起こせたわけではありません。もちろん、新陽高校という学校は唯一無二であり、その歴史や理念、そこにいる教職員や生徒の個性、地域性など様々な要素により起きた事象や結果はあると思います。でも、同じような課題を抱えていたり、同じようなビジョンを持ったりする学校関係者の方に使ってもらえるヒントはあるのではないか、と考えています。第1章からは、新陽高校の実践のベースとなっている理論や私が発揮している「複業校長シップ」を、包み隠さずお伝えしたいと思います。

【注】＊1　ピーター・M・センゲ、枝廣淳子・他訳『学習する組織―システム思考で未来を創造する』英治出版、2011年

第1章

「校長になる前」の行動戦略

1

リーダーシップを発揮する

リーダーとリーダーシップ

まずこの章では、学校のトップリーダーである校長になるまでに、身に付けておくことをお勧めしたいマインドやスキルを紹介します。私自身が、校長になってから役に立ったと思う土台というか、基礎力のようなものと思っていただければ幸いです。

まずは、**リーダーシップに関する考え方**。

リーダーシップとは、直訳すると「リーダーとしての力」です。では、そもそもリーダーに必要な資質や能力、あるべき行動とはなんでしょう。

世の中にはリーダーやリーダーシップに関する書籍や論文があふれていて、図書館に行けば成功したリーダーの物語からリーダーになるためのハウツー本までずらりと棚に並んでいます。でも、おそらくその中にたった一つの「正解」はありません。

天性のリーダーとしての特性を持っている人だけが良いリーダーになれるわけではないし、偉人や成功者の真似をしたからといって同じ結果がついてくるわけでもない。そして、リーダーシップは、リーダーだけが持つものではなく誰もが持つ「影響力」であるという考え方があります。組織が目指すビジョンを達成するためにチームの一人ひとりが発揮し、互いに影響し合う力がリーダーシップです。

また、リーダーとは資質や特権ではなく、その組織における「役割」であり「責任」だと私は思います。だから、その組織がなんのためにあり、どのようなメンバーがいて、何をどう行うのかによって、リーダーがどんな役割を担うのかも負うべき責任も当然変わります。つまり、**自分がその組織においてどんなリーダーとなり、どうリーダーシップを発揮するかは、他のメンバーとの関係性に大きく影響される**ということです。逆に言えば、自分の発揮するリーダーシップが周りに影響を与えることになるので、一人ひとりが自分の特性をどう活かすか考えて行動することが大事です。

どんな立場や役職であっても、組織の中で**自分が周りに与えられるポジティブな影響力は何なのか**という視点を持っておくこと、そして、少人数のチームでもいいので部署やプロジェクトのリーダーになった際には、**自分がリーダーとしてどんな力を発揮するのか、**自分のスタイル（自分らしさ）を知り、確立していけると良いと思います。

- **リーダーシップは誰もが持つ「影響力」**
- **リーダーとは「役割」であり「責任」**
- **リーダーとしての自分のスタイルを手に入れる**

他人の靴を履く

リーダーとリーダーシップについて私がこのように考えるようになったのは、大学を卒業して最初に就職した商社に始まり、ずっとチームで仕事をしてきたことが大きく影響している気がします。特にPwC Japanで働いた数年間で、自分の強みと弱みを知ることや、お互いの強みを活かすこと、相手の立場に立って考えることなど、**チームで働く時に大切なマインド**が強まりました。プロジェクトは、クライアントのニーズによって規模も期間も様々です。そのプロジェクトでたくさんのリーダーやメンバーと一緒に仕事をした経験は、どんな教科書にも勝るリーダーシップの授業だったと思います。

また、企業や病院の事業再生のプロジェクトで多くの経営者の方々と関わらせていただいたことも、リーダーシップに関する考え方の土台をつくっています。特に学んだのは**「自分がトップだったらどうするか」という視点**。再生案件ではステークホルダー（利害関係者）が多いので、それぞれの立場を考慮しながら計画を考えるのは当然なのですが、やはり最後の意思決定はトップである経営者が行います。当時まだ経験の浅い私に、上司が「赤司さんが病院長だったらどうする？」と言った時はびっくりしましたが、その言葉で自分の視野ががらりと変わったのを覚えています。

その頃、PwC Experienceという会社の行動規範のようなものの中に、「他人の靴を履く」という英語のことわざを使った項目がありました。「**相手の立場に立って物事を考える**」という意味ですが、このスタンスが校長になった今、自分のリーダーとしてのスタイルの核となっている気がします。

2

複数の視点を持てるようになる

事実と真実の違い

スクールリーダーとして状況把握をする際にも、相手の立場に立って考えることは重要です。校長になると、組織に関すること、生徒に関すること、保護者に関することなど、何かが起きた時に「事実」を聞く機会が多々あります。でも、報告されている内容は本当に「事実」でしょうか？

人は、自分が見たものを「真実」だと信じます。でも、どこから見るかでものの見え方は変わります。また、見る人の価値観や気持ちによって、同じものを見ても全く違うように見えたりするものです。仏教にも「一水四見」という言葉がありますが、「真実」はたった一つとは限らないのです。

例えば、校長である自分と新卒の教員ではものの見方が違います。その差は、**視点・視野・視座などの違い**によるもの。だから相手の立場に立って、聞いたり伝えたりしようとすることが大切です。また、人にはそれぞれ**アンコンシャスバイアス（無意識の思い込みや偏見）**があります。何かを見たり聞いたりした時、私たちは無意識のうちに自分の経験や見聞きしたことに照らし合わせて物事を捉えています。アンコンシャスバイアスが悪いのではありません。むしろアンコンシャスバイアスは誰にでもあるものという前提に立つと、前例や常識にとらわれ過ぎず「事実」を捉えようとすることができます。

また、人の話にはたいてい、**「事実」と「解釈」**が含

どう見るか

どこから見るか

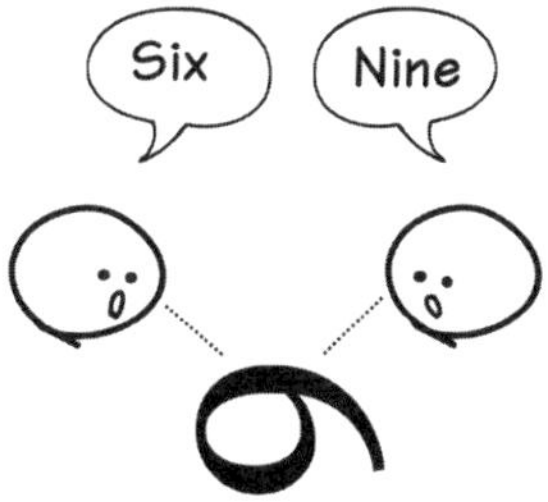

まれています。「何があったか（事実）」を聞いたつもりが話の中にその人の解釈が含まれていた、というのはよくあること。誰から見ても同じ「事実」と、誰かの思い込みや感情によって捉え方が変わる「解釈」を含んだ情報を、区別する意識を持つことが大切です。そうすれば、事実として報告されたことが実は色々な解釈が加わったもので、大事な事実が分からなくなってしまう、なんてことを避けられるようになります。

●立場によって見えているものは違う
●思い込みを手放し、前例や常識を疑ってみる
●「事実」と「解釈」を分けて、状況を捉える

思考整理を習慣にする

この「事実」と「解釈」を分けるという考え方も、事業再生の現場で身に付けたことです。課題解決をするために重要なのは実は解決方法ではなく、**課題が何かを見定める**ことです。この課題の特定のために、様々な情報を集めて分析する必要があります。ヒアリング等で聞き取った情報はもちろん、提供された数値データや一般的に公表されている市場のデータであっても表やグラフには誰かの解釈や意見が盛り込まれていることがあるので、**何が事実で何が解釈かを整理する**、そしてなるべく**一次情報（自分が直接見たり聞いたりした情報）を取りに行く**ことが大事だと教わりました。

　ちなみにコンサルタントが使う「空・雨・傘」という有名なフレームワークがあります。事実、解釈、判断・行動を分けて考えるためのもので、思考を整理したり、解決方法を考えたりする時に使えます。冷静かつ客観的な判断が必要となる校長として、このような思考のフレームワークをいくつか知っておくと便利です。

空
（事実）
空が暗く曇っている
雨
（解釈）
雨が降りそうだ
傘
（判断・行動）
傘を持っていこう

3

プロジェクトマネジメントを知っておく

目的と目標に沿ったプロセス

近年、探究的な学習が見直されている中で、生徒がＰＢＬ（Project-Based Learning）に取り組む学校も増えているのではないでしょうか。ビジネスの世界だけでなく、学校の教員にも耳慣れた言葉となってきたプロジェクト。

プロジェクトとは、目的（ゴール）があり、始まりと終わりが定められている（有期性）業務のこと。また、人や予算など使えるリソースがある程度決まっていて計画を立て実行する一方、不確実性も伴うのがプロジェクトです。

実は、**学校で行っている様々なこともプロジェクトと捉える**ことができます。新たな取り組みはもちろん、学校祭や体育祭、校外学習など毎年行っている行事も、プロジェクトとして捉えてみるともっと進めやすくなるのではないかと感じています。

プロジェクトを成功させるために大事なことは、**適切にプロジェクトマネジメントを行うこと**。プロジェクトマネジメントを知っておくことは、校長になった時はもちろん、教員として生徒のプロジェクトをサポートする際にもとても役に立つと思います。できればミドルリーダーのうちに、プロジェクトマネジメントの視点を持って行事等を担当する経験があるとなお良いので、機会があれば積極的にやってみることをお勧めします。

プロジェクトマネジメントにおいて、大切なポイントがいくつかあります。最初に、目的と目標を定めます。「なんのためにやるか」という目的と、「ゴール（成果物）は何か」という目標を明確にし、関わる人たち全てと共有することで、プロジェクトが進んでいく途中でのブレを減らし、問題が起きた時に対処しやすくなります。

次に、スケジュールの作成とタスクの見える化、役割分担の明確化を行います。まずは大きな計画を立てて、期限と成果物から逆算して細かいプロセスをつくっていきます。長期に渡ったり関係者が多かったりする大型のプロジェクトの場合は、節目となるマイルストーンも設定しておくと進捗確認やスケジュールの修正がしやすくなります。

なお、必ずしも校長自身が優れたプロジェクトマネージャーである必要はない、と考えています。プロジェクトは複数名でやるものですし、学校で行う個々のプロジェクトに校長が直接入ることはあまりないので、プロジェクトマネジメントの方法やコツを知っておくだけでまずは十分です。

プロジェクトマネジメントに必要なスキルとして、コミュニケーションスキルや業務管理スキルなど様々ありますが、校長として特に大事なことは、**先を見通す視点を持つ**ことだと思います。現場の先生は、目の前で起きていることや現在進行形で進めていることにどうしても注意が向いています。だからこそ校長は、一歩引いて先の予測を立てたり、起こりうる問題に対するアドバイスをしたりする必要があります。

●行事や業務を「プロジェクト」として捉えてみる
●目的と目標を定め、スケジュールに沿ってタスクを振り分ける
●現場から一歩引いて、少し先を見通す役割を担う

まずはプロジェクトを体験してみる

私自身のプロジェクトマネジメントの知識とスキルは、主にPwC Japan時代の研修や実際にプロジェクトに携わった経験から育まれたものです。その私にとって当たり前の**ゴールから逆算してプロセスを組み立てる**ことが苦手な学校の先生が結構いるかもしれないと知ったのは、現場に身を置くようになってから。前年踏襲でプロセスを進めることが多く、積み上げ式に考えるのが癖になっているのかもしれません。

そこで、校長になって少し経った頃、様々な企業のプロジェクト推進を支援されている株式会社コパイロットの方々に頼んで、教員向けの研修をしてもらいました。さらに、コパイロットのプロダクトでプロジェクト推進をするためのクラウドサービスを、分掌部門の会議や生徒会の会議で使ってもらうことにしました。一人ひとりに知識やスキルがなくても、フレームワークを使うことで**実践でプロジェクトを進める経験をする**ことができ、結果としてプロジェクトの進め方やコツを掴んだ先生や生徒がいたように思います。

4

人を動かすために自分が動く

任せる勇気と巻き込み力

プロジェクトは一人では進めません。たいていの場合、複数の人と協働することになります。そこで大事なのがプロジェクトメンバー一人ひとりの動き。全員が同じゴールを目指すために、目的や目標を共有し計画の見える化を行いますが、プロジェクトが始まってからの実行力と修正力もプロジェクトマネジメントでは重要です。

ただしリーダーとしての実行力とは、自らが動くこととイコールではありません。リーダーが行うべきなのは**人を動かす、人に動いてもらう**こと。

学校現場に限らず、人を動かすのが上手いリーダーはもともと誰かに頼るのが得意な人のように感じます。良い意味で「手抜き」が上手な人とも言えます。困った時に困ったと言うのは恥ずかしいことではありません。むしろ、自分が苦手なことは誰か得意な人に助けてもらい、その分自分が得意なことややるべきことに注力した方が、チームとして良いパフォーマンスができます。

そして何より大事なのは、**しっかり任せきる**こと。一度任せたのなら相手を信頼して、最後までやり通してもらうことが大切です。それが経験となり成長にもつながるので、余程の重大なミスやロスでない限り、不安になっても先回りして手を出してはいけません。リーダーには、**見守る根気、任せる勇気**が必要なのです。

ただし、任せることは丸投げするのとは違います。「仕事は準備が8割」と言われることもありますが、実行する前の段取りが大切。任せても大丈夫なように、具体的なタスクや期限の指示をしたり業務量を調整したり、メンバーが自立的に動けるように配慮します。とは言え、計画通りにいかないのもプロジェクトの常。特に「人」を相手にしている教育現場では、予定外のことが起きるのは想定内と考えましょう。問題が発生した時、**当初の計画にこだわり過ぎない柔軟性**も大事です。

任せながら問題に対応するために、リーダーは「**コーチング**」を行います。メンバーがその問題をどう捉えているか問いかけながら一緒に解決策を探す、当事者として主体的に考え行動してもらえるように促す、それがコーチングです。なお、必要な知識ややり方を教える「ティーチング」、問題解決策をアドバイスする「コンサルティング」、悩みの相談に乗る「カウンセリング」なども行いますが、ただ放置する「ホーチング」は駄目です。メンバーを駒のように動かすのではなく、みんなを巻き込みながら一緒にゴールに向かうのです。

- **人を動かすとは、頼ること**
- **任せたら任せきる**
- **リーダーシップを発揮して周りを巻き込む**

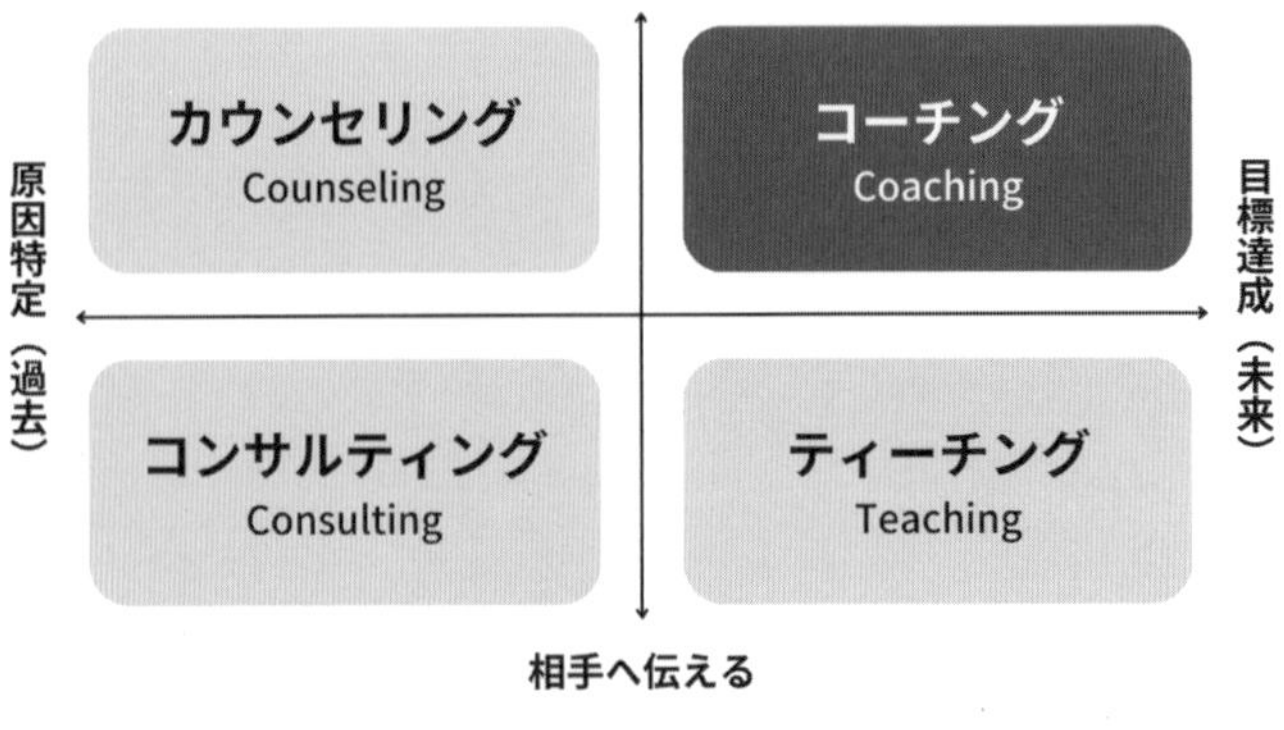

「自分でやった方が早い病」に気をつける

チームのメンバーや部下に仕事を任せるのが苦手な人によくあるのが、自分でやってしまうというパターン。適任者が思い浮かばない時や、指示や説明する暇がない時など、「自分でやった方が早い」とリーダーがやっているのを時々見かけます。かく言う私も、時々やってしまいます。

特に良くないのは、「自分がやった方がいいものができる」と、自分のやり方やイメージしていた成果物に固執して、それができない人に仕事を振らなかったり、一度任せた仕事を引き取ったりしてしまうこと。これではいつまで経っても他の人ができるようになりませんし、相手のモチベーションを下げチーム内の信頼関係を損なうことにもなります。

組織の規模が大きくなればなるほど、リーダーが「自分でやってしまう」のは危険です。小さなチームを率いているミドルリーダーの時から、「私がやる」のではなく**「私たちでやる」という視点を持ち、任せ方を身に付けて**おけると良いと思います。

第2章

「校長になることが決まってから」の行動戦略

1

学校を知る

鳥の目、虫の目、魚の目

昇進や異動、公募や推薦、あるいは個別にオファーが来るなど、校長になるプロセスは様々ですが、公立でも私立でも、**校長になることが決まってまずやること**は、きっと誰でも、「自分が校長として着任するのはどんな学校か」知ることだと思います。

ご自分なら、どんな方法で、どのような情報を集めますか。学校要覧を見ますか。ネットでホームページを見たり、記事検索したりしますか。あるいは、その学校に勤めたことがある知り合いに話を聞くでしょうか。

どの方法も間違いではなく、どれも大切ですが、やみくもにデータを集めても非効率ですし、思い付くままにやると抜け漏れやダブりがあるかもしれません。そこで、**スクールリーダーとして押さえておきたいポイント**を挙げておきます。

- **歴史を知る：学校の成り立ちや変遷、校訓や教育理念、私立なら建学の精神など**
- **教育内容を知る：教育課程、特徴的な授業や行事・課外活動、校則など**
- **教職員を知る：職員情報、世代や経験などの構成、職員室の雰囲気など**
- **生徒を知る：在校生・卒業生の特色、生徒から感じる雰囲気、進路傾向など**
- **保護者を知る：地域性や所得分布、学校活動への参加度、学校への要望など**
- **地域を知る：気候風土や歴史文化、学校との関係・地域活動への関わりなど**

他にも、私立の学校であれば、経営状況や競合校についても知る必要があります。また、学校を司る上で必要な法律や条例、ルール等を知っておくことはもちろん必須です。

なお、校長になることが決まってから着任するまでに知ることができれば良いのですが、実際にそれは難しい場合も多いと思うので、校長になってから1か月程度で大体をカバーできれば十分です。まずは要点を押さえて概要を掴み、そこからだんだんと詳細に入っていけば良いと思います。大切なことは、自分の思い込みや価値観を通して見るのではなく**客観的に見ようとする**こと。そして、**いくつかの視点で学校という組織を見る**ことです。

ビジネスの世界でよく使われる3つの視点があります。「鳥の目」「虫の目」「魚の目」というものです。「鳥の目」とはマクロの視点。鳥が上空から広い視野で見渡すように、物事を大きく捉えて俯瞰的に見るモノの見方です。「虫の目」は、ミクロの視点で細部まで、虫のように複眼的に見ること。そして「魚の目」は、流れや変化を捉える見方です。これらの視点は、常に**リーダーとして持っておきたい視点**です。ちなみに、逆さまから見る（考える）「コウモリの目」も入れた4つの視点、と言われることもあります。

意識的に居場所を変えて視点をずらす

複数の視点を持つとか、視点を変える。言うのは簡単ですが、実際にやるのはそう単純ではありません。そこで私は、目線が変わるように、移動するようにしています。**自分が居る場所を物理的に変えることで視点の変化を強制的に起こす**イメージです。

新陽高校の職員室はフリーアドレスで固定座席がなく、先生たちは出勤すると好きな席に座ります。私も学校にいる時は職員室の空いている席で執務し、校長室は会議や応接で使用することが多いです。テレワークにして学校外で仕事することもあります。また、複業する校長として札幌と東京の二拠点生活をしており、校長以外の肩書きで仕事する機会もあるので、物理的にも意識的にも学校現場との距離が変化します。

なお、いつでもどこにいても連絡は取れるようにしてあります。教職員とはチャットでやりとりすることがほとんどですが、電話やオンライン会議でも対応し、緊急事態があれば飛んで行きます。**ふらふらしているけどいつでも掴まるリーダー**が私の理想かもしれません。

札幌新陽高校のフリーアドレスの職員室

2

組織体制をイメージする

チームの多様性と共通性

学校を知る際特に重要で優先順位が高いのは**仲間となる教職員を知る**ことだと思います。それは、自分が校長としてリーダーになる組織がどんな体制で、どのように動けるのか、イメージするためです。

自分自身のリーダースタイルや信念から「こんなチームにしたい」と考えて伝えることも大事ですが、既にあるその学校のカラーを活かすことも必要です。無理に自分の色を押し付けようとすると、その学校が持っている特色や良さが消えてしまいます。

組織の多様性がイノベーションを促進するとビジネスの世界では言われますが、実際、チームメンバーの個性や経験を活かしたほうが創造性は高まり、また互いを尊重することは働きやすい関係性をつくる第一歩です。ただし仲良しグループをつくりたいわけではなく、目的は良い仕事をすること。**一つの共通するビジョンに向けて組織の力を最大限に引き出すために、メンバーの多様性を活かすチームをつくる**のがリーダーの大切な仕事です。

ほとんどの場合、校長として着任する学校の人事は決まっていることが多いでしょうから、まずは、組織を運営するにあたって核となるメンバー、副校長、教頭、分掌長、学年主任などミドルリーダーの話を聞きます。また、役職や年齢に限らずリーダーシップを発揮しそうな人や、新しい取り組みや学校改革にモチベーションが高そうな人にはこちらから声をかけてみます。

それから、その学校での勤務が長い先生や事務職員はたいていキーパーソンです。特に、新しい体制や取り組みに抵抗を示すようなメンバーは、当事者意識が高く課題感を持っていることも多いので、共感する部分が見つかると今度は強い味方になってくれます。新任の校長が知り得ないことを話してくれることもあるので、お茶でも（お酒でも）飲みながらゆっくり話を聞いてみると良いと思います。

●どんなチームになりたいか、イメージして伝える
●中核となるメンバーの声を聴く
●反対しているように見える人ほど力になってくれる

校長も多様性の一部

多様性を活かすチームを目指して、私が校長初年度に掲げた行動指針があります。**こういうチームになりたい、そのためにこれを意識してほしいと伝える**ためのものです。

シンプルでありつつ、学校の先生には少し馴染みのない言葉をあえて使ったのですが、会議や説明の場だけでなく日常でも伝え続けていたら、いつしか皆が意識してくれるようになりました。

札幌新陽高校教職員の行動指針（2021年〜）

Shared Vision
一人ひとりがビジョンを理解し共有できている

Shared Leadership
誰もがリーダーシップを発揮できる

Shared Experience
互いを尊重し個性や経験値を活かし合える

また、校長である自分も組織の一員として皆に知ってもらいたい、と考えました。そこで新陽高校の校長に就任して2か月経つ頃、ミドルリーダーに集まってもらい**「アシミレーション」という上司と部下がお互いの理解を深め関係構築を促進するための組織開発の手法**を使ったワークショップを行いました。

アシミレーションでは、第三者であるファシリテーターが場を進めます。会が始まったらまず上司は退席するよう言われ、残った部下たちは上司に対して思っていること、疑問や要望、期待などを話します。ファシリテーターはディスカッションをリードしつつ発言を匿名でメモし、意見が出尽くしたところで上司を呼び戻します。上司は書き出された様々な意見を見て、答えられるところはその場で答えます。一般的には、新しい上司が着任して3～6か月経った頃に行うのが良いとされています。

ワークショップでは、私の好きな食べ物から価値観まで、いろいろな質問が出てきました。一方で、要望に関しては「変わって欲しいと思うほど赤司さんのことをまだ知らない」という声もあって、私自身もっと知ってもらえるようにしようと思いました。

どんな意見が出てきても受け止める姿勢が必要なので多少覚悟は要りますが、自分が自分のことを知るためにも、新しく組織のリーダーになった方にはお勧めしたいです。

3

目指す学校像を確認する

ミッションとビジョン

令和3年1月26日中央教育審議会答申「『令和の日本型学校教育』の構築を目指して」等を踏まえ、**各高等学校の存在意義や期待されている社会的役割、目指すべき高等学校像を「スクール・ミッション」として再定義する**よう定められました。

企業で多く活用されている**ミッション・ビジョン・バリュー**というフレームワークがあります。経営学者のピーター・F・ドラッカー氏が提唱し広まったもので、ミッションとは存在価値や社会的使命、ビジョンは目指す未来像、バリューは価値観や行動基準のこと。

これに当てはめると、文部科学省が再定義するよう示している「スクール・ミッション」は、ミッション（存在意義）とビジョン（目指す姿）をまとめたもの、と言えそうです。個人的には、ミッションとビジョンは分けた方が分かりやすいと考えています。

ミッションやビジョンを定めるのは、まず、**教職員が共通の意識や価値基準をもって判断や言動を行うため**です。また、生徒や保護者、地域社会などの外部へ、**一貫したメッセージを発信するため**でもあります。

なお文部科学省の資料によれば、公立高校におけるスクール・ミッションは、地域の学校運営への参画や地域社会との意見交換を通じた検討をすべき、としています。一方、私立高校のスクール・ミッションは、建学の精神に基づきつつ、社会の変化に伴って教育理念の見直しや意義の再確認、新たな解釈を検討することが大事だとされています。

●ミッションとは、その学校の存在意義
●ビジョンとは、その学校が目指す姿
●ミッション・ビジョンを明文化し、社会の変化や地域の声を受けて見直し続ける

もし世界からその学校がなくなったら

新陽高校の場合、1958年の建学以来受け継がれてきた校訓「自主創造」と、前任の荒井優校長が掲げた「本気で挑戦する人の母校」というスローガンが既にありましたが、2020年9月に、10年先を見据えたビジョンの策定とスクール・ミッションを再定義する「2030プロジェクト」が発足。メンバーには校内外の関係者11名が選ばれ、半年間で全8回の会議を行いました。教職員の意見や卒業生アンケートを反映したり、分科会も開催したりして、最終的に固まったのが以下です。

私立の学校なので、大もとにあるのは**建学の精神**です。そこでプロジェクトでは、創設者である荒井龍雄先生の意思、そして歴史に刻まれた生徒や教職員の姿を掘り起こす

札幌新陽高校のミッションとビジョン

School Mission
本気で挑戦し自ら道を拓く人の母校
常に新たな改革に取り組み高校教育を再創造する

Shinyo Vision 2030
人物多様性
〜サステナブルな社会を目指して、生徒・教職員・社会が協創する〜

ところから始めました。生徒のニーズや、社会の変化、教育に起きている変革の波など、ミクロとマクロの視点からも議論しました。

学校が存在する意義であるスクール・ミッションを考えるにあたっては、**「もし新陽高校がなかったら」という問いを立てました。**なぜ札幌慈恵女子高校（新陽高校の前身）が創設されたのか、なぜ60年以上もこの地で続いてきたのか、生徒や保護者、教職員、地域にとってどんな存在なのか。万が一、新陽高校がなくても誰にも何の変化も起きないとすれば存在価値はないことになりますが、そんなはずはなく、この問いによって、新陽高校にしかできないこと、新陽高校だからできること、が浮き彫りになりました。

ミッションがなぜ（WHY）を示すのに対して、**ビジョンはなに（WHAT）を目指すか**です。ミッションを実現した先にどのような生徒像・学校像を目指したいか、２０３０年の社会を想像し、社会課題なども踏まえながらビジョンをつくっていきました。その時浮かび上がった「多様性」というキーワードも、やはり建学の精神や歴史を紐解いて出てきたもの。どんな言葉にするかは時代や人によって変わりますが、**大事にしたいことは普遍的**なのではないかと思います。

4

実現するための方法を示す

スクール・ポリシーとアクションプラン

ミッションとビジョンが単なるキャッチフレーズとして「絵に描いた餅」にならないために、どのように実現・実行するかを具体的に示すことが大事です。

前述の中央教育審議会答申「『令和の日本型学校教育』の構築を目指して」等においても、スクール・ミッションの再定義に続いて、スクール・ポリシーの策定に取り組むよう求めています。

スクール・ポリシーは、スクール・ミッションを実現するための教育活動の指針で、次の３つからなります。

> **①育成を目指す資質・能力に関する方針（グラデュエーション・ポリシー）**
> **②教育課程の編成及び実施に関する方針（カリキュラム・ポリシー）**
> **③入学者の受入れに関する方針（アドミッション・ポリシー）**

なお、教育活動の入口（入学）から出口（卒業）までの指針であるスクール・ポリシーですが、策定は出口が先で入口が後です。①教育活動を通じてどのような資質・能力が育まれることを目指すか、②そのために必要な教育課程、③育成を目指す資質・能力やそのための教育課程を踏まえて入学時に期待される生徒像、の順で検討するのが一貫したものをつくりやすいと思います。

一方、**ビジョン実現に向けては具体的な目標やプロセスを示したアクションプラン（行動計画）**があると良いです。アクションプランは、それをもとに組織全体だけでなく、チームや個人の行動に落とし込めるようなものが良いとされています。また、**アクションプランがきちんと実行されているか定期的に確認し評価する**ことも大切です。

- **スクール・ミッションを実現するためのスクール・ポリシー**
- **ビジョンを実現するためのアクションプラン**
- **ポリシーやアクションプランに照らして実効性や達成度を確認する**

「食べられる餅」にするために

新陽高校でも、スクール・ミッションを再定義した際、グラデュエーション・ポリシー、カリキュラム・ポリシー、アドミッション・ポリシーを定めました。なんのために（WHY）のミッション、なにを（WHAT）のビジョンに対して、**どうやって（HOW）を示すポリシー**は、抽象的な言葉ではなく**具体的であること、**かつ**中期的に活動の指針となること**を意識して、それぞれの表現と3つのポリシーのバランスを考えました。

一方、新陽ビジョンを具現化するアクションプランは、２０３０年を見据えて「達成に向けた10の取り組み」としてまとめています。教育活動に関する3項目を核に、組織人財に関する2項目、事業経営に関する3項目、協働連携に関する2項目からなる計7項目がそれを囲んでいるような図で、それぞれが相互につながっていることを表しました。

なお、ミッション・ビジョン・ポリシーがしっかり機能する、つまり「絵に描いた餅」ではなく「食べられる餅」であるために、新陽高校で行ったいくつかの工夫があります。

まず、年度はじめに校長から発表する年度ごとの**運営方針と、ミッション・ビジョン・ポリシーをつなぐ**こと。アクションプランをロードマップに落とし込み、進捗も一緒に確認できるようにしました。

また、**分掌や部署の年度目標に各ポリシーをリンク**してもらいました。例えば、進路部ならグラデュエーション・ポリシー、教務部はカリキュラム・ポリシー、入試広報部はアドミッション・ポリシーを踏まえて目標を立てる、という感じです。

さらに、教育活動や行事などの**実施要項にミッション・ビジョン・ポリシーが反映されているか確認する**こと。もし、目的が書かれていない、あるいはミッション・ビジョンとずれている場合は、「なんのために、何を、どうやるのか」何度も問い直し、各活動がバラバラにならないように軌道修正しました。

5

やらないことを決める

挑戦する勇気とやめる勇気

たいていの場合、校長に就任した時点で「やること」は決まっていると思います。年間計画は完成した状態で引き継がれているでしょうし、5月頃までの活動については要項もできているかもしれません。

計画通りにきちんと遂行できるように、校長として管理・監督するのは当然ですが、ただ決まったことをやるのではなく、**リーダーとして持っておきたい視点**が2つあります。

それは、学校として**「本当にやるべきことなのだろうか」という視点**と、**「もっとやる**

べきことがないか」という視点です。

学校は、毎年だいたい同じスケジュール感で進む組織です。だからこそ、毎年やっているから今年もやる、とされているものや、いつもこの方法だから今回も、と誰も疑わずに引き継がれていることも多いように感じます。

一方で、挑戦や改革をしようとすれば、新しい「やりたいこと」が次々に出てきます。また近年は、プログラミングや探究学習、アントレプレナーシップ教育など、学校で「やったほうがいい」とされることも増えています。生徒がやることが増えたり変わったりすれば、教員の仕事が増えることも避けられませんし、探究やPBLといったクリエイティブな活動に向けては、これまでの一斉に教える授業とは違う準備が必要になります。

そんな時にお勧めしたいのは、何をするか優先順位をつけること。基準になるのはやはり、ミッションとビジョンです。**ミッション・ビジョンに照らし合わせて、また、児童生徒の実態を踏まえて、何を優先するべきなのか**を考えます。何かを選ぶということは、別の何かを選ばないことでもあるので、やることを選ぶことは、やらないことを決めるのと同じはずなのですが、実際にはやめることが難しくてただただやることばかりが増えていくのが学校の現状のように思います。

実は、リーダーが変わる時というのは、様々なことを見直すチャンス。特に今までやっていたことをやめる良い機会です。自分が校長になるタイミングを好機と捉え、教職員が「やるべきこと」に注力できるよう、挑戦する勇気とやめる勇気を発揮していただけたらと思います。

●やるべきことの優先順位を考える
●やらないことを決める
●変わる時は、やめるチャンス

「やれるならやったほうがいい」ことは、やらない

新陽高校は、スクール・ミッションの中で「常に新たな改革に取り組み、高校教育を再創造する」と謳っているとおり、新しいことに挑戦する学校です。私が校長になる前から、校務のデジタル化や探究学習については北海道内の先進校として注目されていましたし、

２０２１年度に新しいビジョンを掲げて以降、単位制の導入、ハウス・メンター制度の構築、他校にない特色ある授業や課外活動など、新たな取り組みはさらに加速しています。

新陽高校がこのようにどんどん進化するのは、好奇心が旺盛でモチベーションが高い教員が多いことが背景の一つにあります。ただ、これは素晴らしいことである反面、先生たちの頑張りでなんとかしてしまう、という学校にありがちな問題も起こりがちです。

内部で出たアイデアも、外部から持ち込まれる提案も、検討する際に、「やれるならやったほうがいいよね」「生徒のために、できるならやろうか」と実施を決定していた結果、教員の負担が増えていきました。そうやって無理をすれば当然ミスが起きたり、仕事のパフォーマンスが落ちたりします。それは結局、生徒のためにもなりません。

そこで、校長になって2年目、「今年から『**やれるならやったほうがいいことは極力やらないで、絶対やった方がいいことに注力する**』ようにしよう」と方針を立てました。それまで、先生がやりたいかどうか、生徒にやらせてあげたいかどうかを判断基準としていたので、この考え方に切り替えるのは簡単ではありませんでしたが、先生たち自身が、迷った時はこの方針に立ち返ってくれるようになり、少しずつ取捨選択できるようになりました。

6

リーダーとしての覚悟を決める

責任と情熱

「校長は、校務をつかさどり、所属職員を監督する」と学校教育法で定められています。学校における**最高責任者である校長として、どのように考えどう振る舞うか**、それが初めて校長になる時に考えておくべき最も重要なことだと思います。

自分がどうありたいかという一方で、**周囲はリーダーである自分にどうあって欲しいのか**を考えることが大切です。教職員は、生徒は、保護者は、地域の方々は、その学校の校長に何を期待しているだろうかと想像してみてください。例えば、自分はフォロワーとしてリーダーに何を求めていたでしょうか。
フォロワーの立場によって、あるいはリーダーとフォロワーの関係性によって、求めるものは変わることがあります。また、リーダーのタイプやスタイルが、求められるものを変えることもあるでしょう。それでも、多くのフォロワーが信頼できると感じ、付いていきたいと思うリーダーには共通点があるように感じます。

一つは、**責任を取る人であること**。**みんなが迷わないように、決断し実行する際に腹をくくっている**こと、と言い換えても良いかもしれません。結局は根性論か、と思われるかもしれませんが、校長が全ての責任を取るという覚悟を持ち、時にそれを口にすることは、みんなが安心して挑戦するための必要条件です。

とは言えこちらも無条件で「責任を取る」「任せる」と言うわけにはいかないので、そのために**メンバーに目を配り、声を聴き、対話を通じて相互理解を深める**努力をします。そうやって関係性が築かれていった結果、メンバーに自信と責任感が生まれればパフォーマンスも向上し、校長として責任を取る覚悟も一層強くなるはずです。

もう一つは、**情熱を持ち続ける**こと。ビジョン実現に向けてチームが一体となり前に進めるかどうかは、リーダーの熱量にかかっています。派手なパフォーマンスや力強い言葉といった表向きの熱量ではなく、組織のエネルギー源になる存在であることが求められるのです。このリーダーとだったら何かやれそうだと思える、新しい挑戦にワクワクできる、自分たちの取り組みに誇りと希望を持てる、そんなふうに周りを盛り上げるエネルギーの源です。だから校長は、未来に対しては楽観的すぎるくらいがちょうどいいのではないかと思っています。

- **フォロワーがリーダーに求めるものを想像する**
- **最後は自分が責任を取る、と腹をくくる**
- **ビジョンの実現に向けた情熱を持ち続ける**

先輩リーダーに会いに行く

今、校長をしている方も、これから校長になる方も、尊敬する校長やお手本にしたいリーダーがいるのではないかと思います。でも第1章にも書いた通り、リーダーにはいろいろなタイプがいます。憧れの人のようになりたいと思っても、自分らしさを無視して真似をすればきっと失敗します。自分だけのリーダーシップスタイルをつくっていくしかないのです。

とは言え、先人から学べることはたくさんあります。校長になることが決まってから、福島の教育復興の現場でお世話になった教育長や校長、かつて企業に勤めていた時に上司だった方々、そして企業や団体で代表を務めている友人などに会って話を伺いました。学校に限らず組織のリーダーがどうしているのか、本物から学びたいと思ったからです。分かったのは、**方法に正解はない**ことと、**それぞれに哲学を持っている**ことでした。そして**責任に対して腹をくくっていることと仕事に対する情熱**は、共通していると感じました。

なお、数々の企業のトップを経験し、現在はアクサ生命保険株式会社の社長をされている安渕聖司さんに、校長のオファーを受けるつもりだと相談した時、「それは貴重なチャンスだね！　僕は社長のオファーはあっても、校長のオファーをもらったことはまだないよ（笑）」と言っていただき、少しだけ残っていた教員でも学校で働いたこともない自分が校長をやることへの不安が吹き飛びました。そして校長になった後も、尊敬する先輩リーダーたちの存在はずっと支えになっています。

第3章

「組織」を変える行動戦略

1

「学習する学校」になる

「学習する組織」と「学習する学校」

本章からは、学校が進める変革について新陽高校の実践をベースに「組織」「業務」「学び」の順に取り上げていきます。

昨今、学校教育における問題が様々に取り上げられ、学校が変わらなければいけないと言われている一方で、社会の変化のスピードに比べると学校の変化はあまり進んでいないように見えます。でもおそらくそれを一番分かっているのは学校現場であり、多くの教員は「変わらなきゃいけない」「変えたい」と感じながら日々奮闘しています。

それでも変わらないのは、個々の問題に対して対症療法的なアプローチをしているからではないでしょうか。**学校教育の問題の多くはそれを引き起こす制度やメンタルモデルがアップデートされていない**ことによるのではないか、と思っています。

そこで新陽高校では、マサチューセッツ工科大学の上級講師であるピーター・M・センゲ氏が提唱した**「学習する組織」のコンセプトをもとに新しい学校モデルづくり**に取り組んでいます。「学習する組織」とは、目的に向けて効果的に行動するために集団としての意識と能力を継続的に高めて伸ばし続ける組織です。自律型人材がチームをつくり個人としてもチームとしても成長し続ける、歩みを止めない組織づくりに必要な学習能力と、それを構成するディシプリン（理論と手法の体系）が示されています。

「学習する組織」の核となる3つの学習能力と5つのディシプリン
【志の育成（創造的志向性）】「自己マスタリー」「共有ビジョン」
【共創的な対話】「メンタルモデル」「チーム学習」
【複雑性の理解】「システム思考」

「学習する組織」の目的の一つは、学習が習慣化することです。ここでの学習とは、自分が大切に思うことを実現する能力を高めるプロセスのこと。学習する習慣が身に付くと、「学習する組織」はある程度「型化」されているので、学校現場でも取り入れやすいと思います。**カリスマ校長やエースがいなくても自走する自律型組織**を目指すことができますし、

また、組織とは単なる集団ではなく、ビジョン実現に向けて協働するつながりやシステムであると考えています。学校組織は狭義では教職員ですが、広義では生徒を含みます。生徒たちに探究的で創造的であって欲しいと願うなら、まずは教職員が探究的で創造的になろう、というのが、新陽高校が「学習する組織」である「学習する学校」を目指した理由です。なお、システムとは何か、については後ほど詳しく触れます。

- **学習とは、大切に思うこと（ビジョン）を実現する力を高めるプロセス**
- **組織とは、ビジョン実現に向けて協働するつながりやシステム**
- **まずは教職員が探究的で創造的な「学習する学校」をつくる**

組織を変えれば全てが変わる

新陽高校では、組織のアップデートを中核に据えて改革を進めてきました。探究をテーマに教育の内容を変えたり、働き方改革に取り組んだり、学校改革のアプローチは様々ありますが、**業務も学びも組織と共に変わる**と考えたからです。

逆に、組織を変えようとせずに教育内容や学校業務だけ変えようとした結果、本質的な変革に至らず持続しない例も見てきました。それぞれの要素は、互いに影響し合います。自分の学校の課題を見極め、どのアプローチを中心に置くと効果的な改革が進められるか考えていただければと思います。

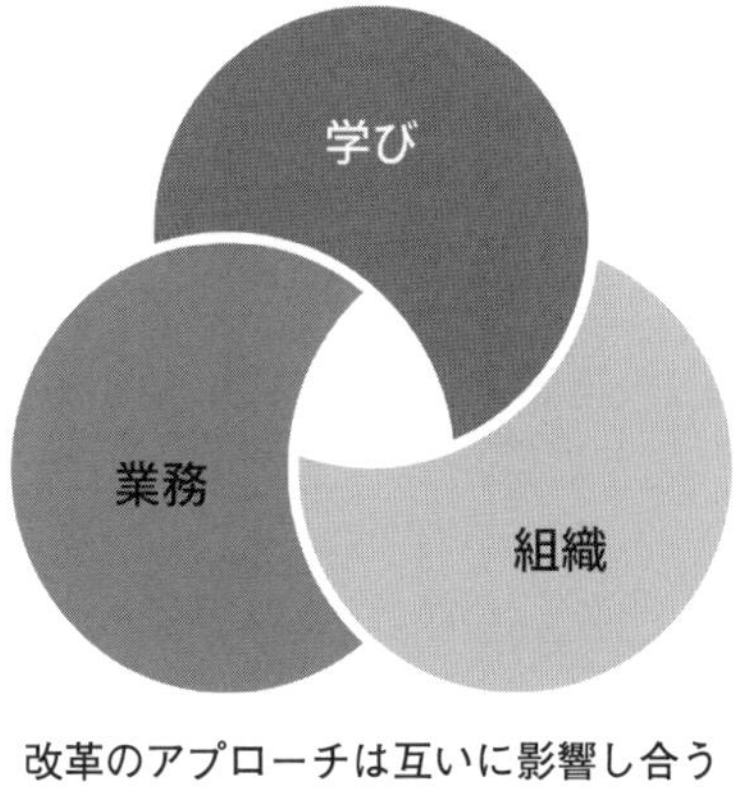

改革のアプローチは互いに影響し合う

2

ビジョンを共有する

組織のビジョンと個人のビジョン

ここから、新陽高校が取り組んでいる「学習する学校」について詳しく紹介します。

「学習する組織」のコンセプトをもとにした新しい学校モデルづくりは、「学習する組織」を日本の学校に浸透させたいと活動してきたクマヒラセキュリティ財団代表理事の熊平美香さんと、株式会社リクルートで人と組織に関わるR&D組織HITOLAB（ヒトラボ）を設立した福田竹志さんと一緒に企画しました。新陽高校での取り組みを一つの事例として、全国に「学習する組織としての学校」が広まっていくことが私たちの願いです。

なお図の①〜⑥のステップは便宜的に並べているだけで必ずしもこの順である必要はなく、同時並行的に行い進んだり戻ったりもすることを前提にご覧ください。

とは言え、**「学習する学校」の第一歩は、ビジョンをつくり共有すること**です。ビジョンとはありたい姿、学校が目指す最上位目標のこと。ビジョンをつくりそれを共有することは、「なんのためにやるか」を明確に示すことでもあります。

そして**組織のメンバー一人ひとりが、自分の行動をビジョンに照らし合わせて考えられるようになっていること**が理想です。それが分からない状態では、ビジョンに合ったアイデアが生まれるどころか、重大な問題や緊急事態が起きた時、指示がないと動けなくなってしまいます。ビジョンを単なるキャッチフレーズにせず、全体で共有し、解釈をすり合わせていくことが重要です。

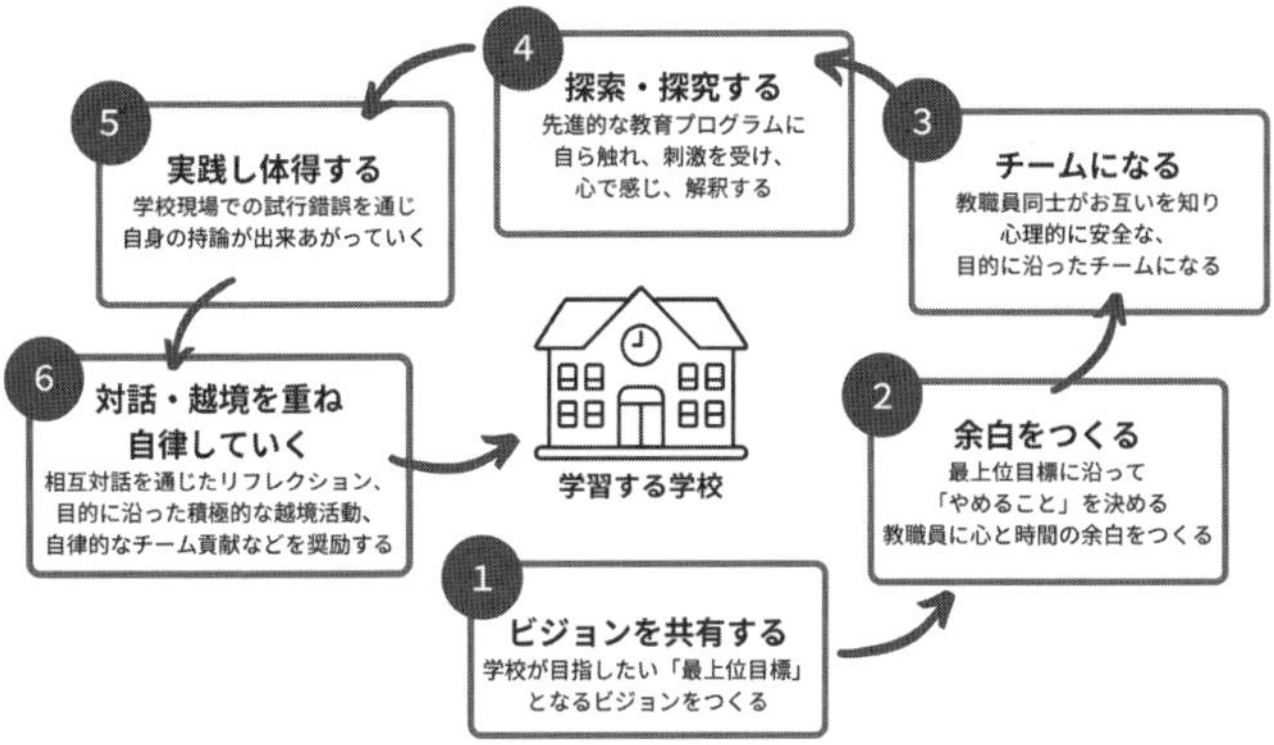

さらに、組織を構成するメンバー一人ひとりにもビジョンはあります。仕事を通して実現したいことや教育に携わる者として大切にしていることなど、人生のビジョンがあるはずです。**自分自身のビジョンと組織のビジョンの重なり**が、働く上でのモチベーションにつながります。もしも重なりが全くないなら、その組織は合っていないのかもしれません。かといって完全に重なっている必要もなく、大事なのは自分のビジョンを認識し、組織も個人のビジョンを理解していること。個人は望んでいる結果を出す力を伸ばそうと学習し、組織はその学習を支援し個人の成長を促す、そういった関係性が大事だと思います。

- **まず、最上位目標となるビジョンを共有する**
- **ビジョンとはありたい姿、大切に思うこと**
- **組織のメンバー一人ひとりにもビジョンがある**

ビジョンはいつも見えるところに

２０２２年２月28日、私が新陽高校の校長として初めて迎える卒業式を翌日に控えた日でした。リハーサルを終え職員室にいると、髙橋励起先生と高石大道先生が近づいてきました。「少し早いけど誕生日おめでとうございます！」と二人が出したのは、特注のビジョンボード。私の誕生日は3月16日なのですが卒業式の前の日の方がいいだろうと相談し、この日に間に合うように制作し贈ってくれたそうです。後にも先にも、こんなに印象的でこんなに嬉しかった誕生日プレゼントはありません。

このボードはその後、職員室と校長室に2枚ずつ飾りました。**分かりやすいグラフィックや目につく場所に掲げる**ことも、ビジョン共有のコツだと思います。

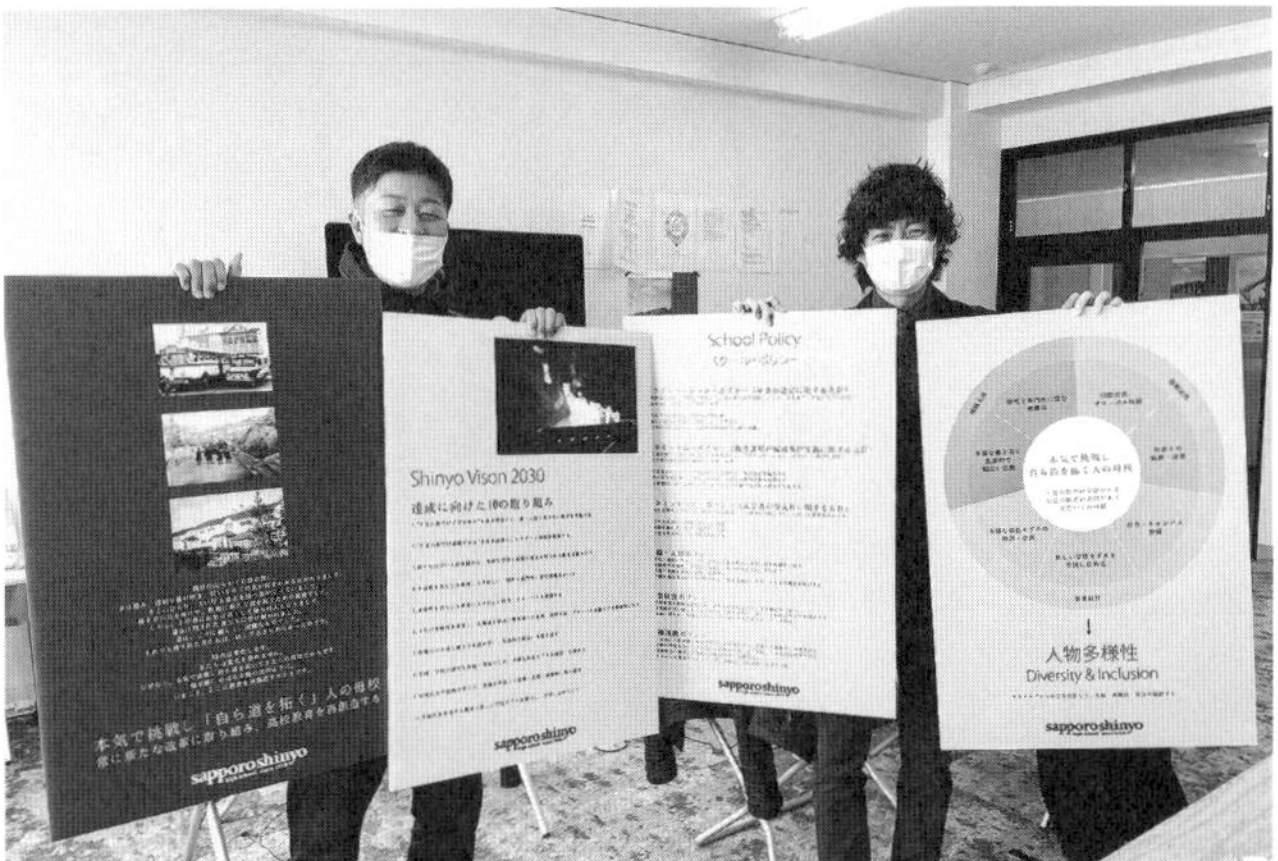

ストーリーを伝え続ける

第2章で述べた通り、新陽高校のビジョンは「2030プロジェクト」チームが中心となってつくりました。

「学習する学校」ではビジョンの策定と共有はセットなので、つくるプロセスに時間をかけてでも組織の全員で取り組み、ビジョンが完成した時にはみんなにしっかり共有されている、という流れが理想です。ただ、組織が大きかったりビジョンを完成させるタイミングが迫っていたりする場合は、コアメンバーで策定してその後共有していく流れのほうがスムーズです。どちらにしても、**ビジョンをみんなが理解し自分の言葉で語れる状態になることが「学習する学校」の土台となる**と考えています。

新陽高校では、2021年4月にビジョン2030「人物多様性～サステナブルな社会を目指して、生徒・教職員・社会が協創する」が公表されて以来、**校内外へ発信を続け浸透を図る**よう意識してきました。

内部では、校長として年度はじめの運営方針発表や職員会議の場で話すのはもちろん、行事等の要項の目的にビジョンを記載するよう指示し、全ての教育活動がミッションとビジョンのもとに実施されることを教職員が意識できるようにしました。

また、２０２１年7月末に学校のウェブサイトを大幅にリニューアルしました。コンテンツの充実だけでなくビジョンに基づくブランドイメージの刷新を図るため、従来の高校のイメージを覆す「学校らしくない、新陽らしい」サイトにしたいと、クリエイティブのプロであるCOMMUNEさんにお願いしました。**打ち合わせを繰り返す中で私たちもビジョンの解像度が上がっていきましたし**、最終的に、ビジョンを伝えるグラフィックやコピーが埋め込まれたサイトをつくっていただき、**常に同じイメージを発信**できるようになりました。

ウェブサイトに関しては、同じくCOMMUNEさんにご相談して、３年後の２０２４年6月に更なるリニュ

札幌新陽高校のWebサイト
（2024年6月リニューアル版）

【PC Ver.】

【スマホ Ver.】

ーアルを行っています。時間が経ち、ビジョンを具現化する様々な取り組みが形になってきたので、ウェブサイトにも反映しました。なお、このリニューアル作業を通して、ビジョンに向けて着実に進んでいることを確認できたと同時に、時間の経過や社会の変化に合わせてビジョンの解釈のアップデートが必要なことも認識しました。

生徒にビジョンが浸透するまで

生徒や保護者へは、入学式や卒業式の式辞、全校集会での講話や対談、学校から配布する文書などでビジョン２０３０「人物多様性」を伝え続けています。例えば、全校集会でよくある「校長先生の話」の代わりに**ゲストを迎えて「多様性対談」**を行っています。

学校が企業などと違う点として感じる一つが、校長や先生が大勢の前で話すのが当たり前になっていること。一般社会で大勢の人の前で話すには、それなりの意義や目的が必要です。何百人もの人がただ話を聞いてくれることなんてありません。面白くなければ耳を傾けないし、聞いても無駄だと思えば席を立つでしょう。でも学校では先生が話をする時、生徒は静かに聞くのが当然のことのようにされています。それは本来、先生が大事な話や価値のある話をすることが前提になっているのだと思います。

新陽高校の場合、全校集会であれば800名近い生徒が参加します。その貴重な時間をどうするか、集会をせずに授業や他の活動に回すということも考えましたが、せっかくなら、**他の学校では出会えないような人と出会い、多様な価値観を知る機会を提供したい**と思いました。そこで行ったのが校長の持ち込み企画「多様性対談」です。

国内外から性別年齢を問わず（残念ながら国籍の多様さには至りませんでしたが）個性あふれる魅力的な方々に来ていただき、対談を通して学校が掲げるビジョンを生徒に知ってもらうことができました。さらに毎回、来てくださった方ともっと話したい、と言う生徒が必ず数名いて、対談を聞く以上の影響を受けています。

校長になって2年目も終わる頃、当時3年生の生徒が受験した小論文試験で、多様性に関する文章が引用された問題が出ました。なかなか複雑な文章で、かつ問題も難しかったのですが、その生徒は「いつも学校で多様性の話がされているから、それをもとに自分の意見を書いてきました」と話してくれました。それが良かったかは分かりませんが無事合格。新陽のビジョンのキーワードである「多様性」が、生徒に浸透してきたように実感した瞬間でした。

3

余白をつくる

多忙と多忙感

次のステップは、**教職員に余白や余裕をつくる**ことです。メンバーに時間と心の余裕がなくては、創造的になることも、チーム内での協力も起こりづらいからです。

また、余白は組織にも必要です。業務の効率性や再現性を考えればチームと個人の役割や活動が明確に決まっていることは重要ですが、一方で、ガチガチの組織設計では人は育たず新しいアイデアも生まれにくいと言われています。

そもそも、日本の教員は多忙です。これまで欧米を中心に海外の学校をいろいろと視察しましたが、それらと比べて日本の学校の先生が担う業務の多さや一人が抱える範囲の広さに驚きます。それを軽減する一つの方法がデジタル化。ただ、デジタル化やDXは効率化を進めると同時にできることを増やすことでもあり、併せて考えたほうがいいのが**やらないことを決めること**です。

学校には例年行っているような行事や会議が多いので、一度立ち止まり、本当にやらなければいけないことか、その方法しかないのか、という問いを立てることが大事です。当たり前を疑うマインドを持ち、クリティカルに考えるのは簡単ではありませんが、ビジョンに沿って何をやって何をやらないかを決める必要があります。特に**何かをやめることはリーダーがやるべき重要な仕事**。校長は、ときに勇気と覚悟を持って最終判断を下さなければいけません。

同時に、前年踏襲の文化は悪いことばかりではありません。むしろそれを上手く使うことで業務を減らすことができます。既にあるものは新しくつくらずに活用する、そのために担当者が変わった時の引き継ぎの徹底やファイルの共有を積極的に行うことがコツ。時々、過去のものを探さずにゼロから資料を作成しようとしたり、自己流で文書をつくったりする教員を見ますが、ぜひ上手に手を抜いて欲しいと思います。

会議が多くて忙しい、という話もよく聞きます。生徒のための教育活動を準備する会議のために、生徒と向き合う時間が減ってしまっては本末転倒ですが、実際に学校現場で起きていることではないでしょうか。会議のように一気にやめるのが難しいものは、時間・回数・人数のどれでもいいので半分に減らしてみるのをお勧めします。

冒頭、余白や余裕をつくると書きましたが、余裕とは感じるもの。つまり主観です。業務量を減らすだけでなく、メンバーが余裕を感じながら仕事できるよう調整することもリーダーの大事な仕事です。その人の能力に合った仕事配分になっているか、緊急な事案など特別な事情を抱えてキャパシティオーバーになっていないか、配慮します。また、人が余裕をなくすのは先が見えない時。現場の先生は目の前の生徒のことや直近の予定に意識が集中しがちなので、校長やミドルリーダーが少し先を見通す視座を持つべきです。

●あるものを活用し、ゼロからつくるものを減らす
●なくすのが難しければまずは半分に
●見通しを立てて、現場の多忙感を解消する

余白を生み出すのは簡単じゃない

「学習する学校」に取り組んで4年目。正直なところ、一番苦労しているのが余白をつくることです。

新陽高校ではICT活用が積極的に進められ、教員も生徒も1人1台端末を利用する環境が整っています。校務支援システムや生徒募集のオンライン化、クラウドサービスとアプリケーションツール活用に加え、コロナ禍も追い風となり、授業や働き方のDX（デジタルトランスフォーメーション）が進みました。ただ、新しい挑戦に伴うプラスの業務に対して、減らせるものが少ないのが現状。

さらに、先ほど述べた通り**多忙感は一人ひとりの主観なので、リーダーだけではどうにもならない**ことも痛感しています。でもだからこそ、遠回りではありますが、**メンバーが自律的に創造的である「学習する学校」になっていくしかない**とも思うのです。

余白をつくることも含めた業務改革については、第4章で詳しく触れます。

4

共創的に対話しチームになる

自己理解と他者理解

「学習する学校」として一番大切なステップ、それは**つながりをつくること**です。お互いを知り、尊重し信頼し合えるチームであることが、ビジョンの実現には欠かせません。チームとは、気の合う仲間や単なる仲良しグループではなく、**お互いに強みを引き出し合って限界を補い合い、個の力の総和以上の成果を生み出すことができる集団**のことです。

チームになるために、対話が効果的です。というより、対話がなくてはチームにはなれないと思います。安心して対話できる環境を整えるのが、リーダーの大事な役割です。

対話のはじまりは、お互いを知ること。さて、あなたは一緒に働いている部下や職員室で隣に座っている同僚のことをどのくらい知っていますか。

教員も、「国語の先生」や「生徒指導担当」、「3学年主任」である前に一人ひとり違う個性や経験を持った「人」です。一緒に働く人がどんな人か知ることは大事なのに、役職や担当だけで関係を構築してしまうことがあります。以前、リクルートの福田さんに「仲間の入社時の志望動機を知っているかどうかがチームの相互理解度のバロメーター」と教えていただきました。学校なら「なぜ教員になったか」という問いが良いかもしれません。

さらに**お互いを理解するには、自分自身について理解していることが前提**となります。自分の意見と相手の意見それぞれの根底にある価値観は何か、深いリフレクションを通して見えてきます。教員だからみんな同じように考えるわけではないし、意見が違っても大切にしたい価値観は共通しているかもしれない。メンバー一人ひとりが自己理解を深め、互いを理解しようとし、違いを認め合った上で（むしろ違いを面白がって）話し合うことが、**新しいアイデアを生み出す共創的な対話**につながります。

組織における対話について考える時、マサチューセッツ工科大学のダニエル・キム氏が提唱した「組織の成功循環モデル」が参考になります。このモデルは、「結果の質」を高めたければ**まず信頼関係を築く「関係の質」を高めることから始める**、というものです。対話や交流を通して「関係の質」が上がると、「思考の質」「行動の質」「結果の質」が上がり、さらに「関係の質」が高まるという好循環のサイクルで、システム思考に基づいたモデルです。それぞれの質を高めるメソッドやテクニックよりも、それぞれがつながっていることやものごとには順番があることを理解することが大事、と言われています。

なお近年注目されている心理的安全性も、成功循環モデルと同様の視点です。株式会社 ZENTech によれば、心理的安全性とは、「組織やチーム全体の成果に向けた、率直な意見、素朴な質問、そして違和感の指摘が、いつでも、誰もが気兼ねなく言えること」[*1]とあります。変化の激しい予測不可能な社

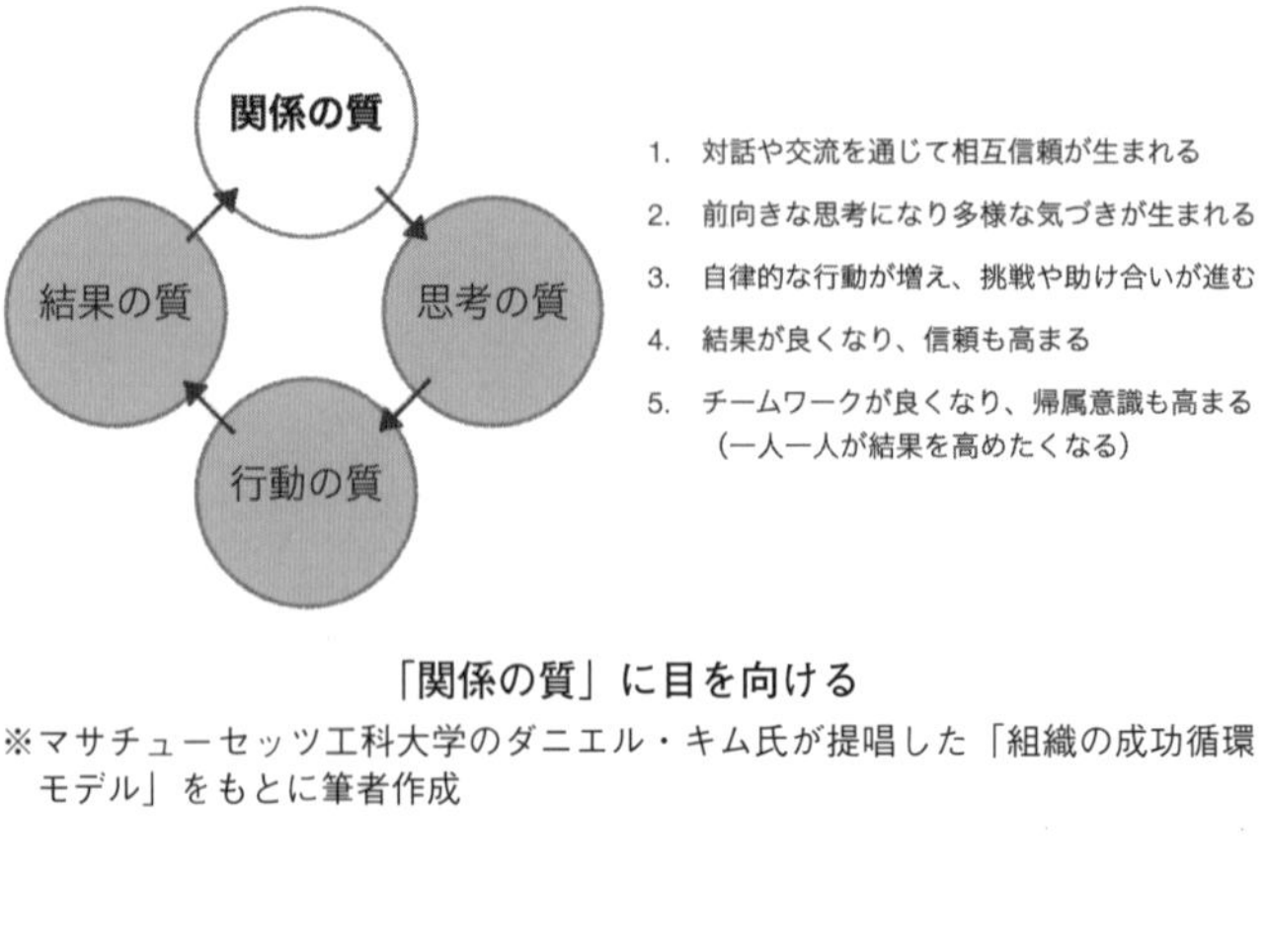
関係の質
思考の質
行動の質
結果の質
1. 対話や交流を通じて相互信頼が生まれる
2. 前向きな思考になり多様な気づきが生まれる
3. 自律的な行動が増え、挑戦や助け合いが進む
4. 結果が良くなり、信頼も高まる
5. チームワークが良くなり、帰属意識も高まる
（一人一人が結果を高めたくなる）

「関係の質」に目を向ける

※マサチューセッツ工科大学のダニエル・キム氏が提唱した「組織の成功循環モデル」をもとに筆者作成

会において、私たちが学び合い変化しながら成長していくための環境の要素であると言えます。

●「教員」だってみんな違う
●リフレクションと対話を通して多様性を味わう
●関係の質から始めて、心理的安全性の高いチームになる

対話が文化になる「中つ火を囲む会」

新陽高校で「学習する学校」に取り組むにあたって、象徴的な場として始めたのが**教職員の対話の場「中つ火を囲む会（通称：中つ火）」**です。

中つ火（なかつひ）とは焚き火のこと。焚き火を囲むようにフラットに対話しながらお互いの価値観を共有したり、アイデアを交換したりする時間をつくりたいと考えていたところ、ビジョン策定のプロジェクトメンバーでもあった高橋励起先生が「ネイティブ・アメリカンは焚き火のことを中つ火と呼んで、大事な意思決定をする時は、みんなで中つ火を囲んで対話し合意形成を図っていたらしいです」と教えてくれたことから、この名が付きました。「中つ火を囲む会」は長期休業期間を除き月に一回、約2時間程度行っています。

以下、これまでに行ってきた「中つ火を囲む会」の中から、「学習する組織」の3つの学習能力と5つのディシプリンにリンクしたテーマのものを紹介します。

①志を育成する（自己マスタリーと共有ビジョン）

毎年、年度初となる4月は、「**＃（ハッシュタグ）型の自分らしさ**」と題した自己紹介から始めます。ハッシュタグとは、SNSなどでキーワードやトピックを分類するタグのこと。堅苦しくならず、個性的なフレーズが出てきやすいので、新陽高校では特長を表す時などによく使います。後半は「新陽高校らしさ」についてもハッシュタグで表し、ビジョン「人物多様性」とは何か、という対話に向かっていきます。

逆に、**学校ビジョンをテーマに各自の「自己マスタリー」を深掘り**した回もありました。「自己マスタリー」とは、自己のビジョンを明確に持ちながら、ビジョンと今の現実を対置して両者のギャップを明らかにし、その解消を求めるエネルギーを生み出すこと。つまり、ビジョン達成に向けエネルギーを生み続けることができるように学習することが、

「自己マスタリー」の本質。このエネルギーの源泉が**自分を動かす動機の源**です。

「学習する組織」における3つの学習能力「志の育成」「共創的な対話」「複雑性の理解」はバランス良く伸ばしていくことが重要で、5つのディシプリン（理論と手法の体系）はどれも大事とされますが、第一のディシプリンでなければならないとされているのが「自己マスタリー」です。これがなければ、残りの「共有ビジョン」「メンタルモデル」「チーム学習」「システム思考」は機能しないとさえ言われています。

②共創的に対話する（メンタルモデルとチーム学習）

「中つ火を囲む会」の中核は自己理解と他者理解。そのため、どんなテーマにおいても全員が対話の場に参加し、多様性を味わうことを大事にしています。この背景にあるディシプリンは、「メンタルモデル」と「チーム学習」です。

「メンタルモデル」とは、自分が無意識にもっている価値観や思い込みで、これを見える化し共有するため新陽高校では、熊平さんが開発した「認知の枠の4点セット」[*2]を繰り返し使います。これは、自分をメタ認知するためのフレームであり、リフレクションと対話のためのツールです。さらに、このリフレクションと対話をチームのメンバーが一緒に行うことで、**自分たちの意識と学習能力を協力して高めるのが「チーム学習」**です。

自己の内面までリフレクションするための認知の枠の4点セット
【意　見】自分の考え、思ったこと
【経　験】意見に関連する自分の経験や知っていること
【感　情】経験に紐づく感情
【価値観】意見・経験・感情から見える自分が大切にしている価値観

ツールを使うことで、自分に見えていないものは何か、自分はどんなメガネを持っているか、気付くことができます。また、自分や他者の言動がどうして起きたのかも分かります。経験によってできた価値観は、ものの見え方や考え方だけでなく、その人の行動も決定しているからです。そして互いに、それぞれの意見だけをぶつけ合うのではなく経験や価値観を共有しながら、**自分の持つ前提を保留し、評価や判断を脇に置いて話を聞く**ことで、自分の知らない世界から学ぶことができます。

③複雑性を理解する（システム思考）
学期末や年度末には、「氷山モデル」という「システム思考」のツールを使ってリフレ

クションを行います。**「出来事」として見えているのは全体の一部であり、その水面下にはこれまで何が起きていたかという「変化のパターン」と、さらにその変化を引き起こしている「システム構造（目に見える規則や制度と、目に見えないメンタルモデルなど）」がある、**というフレームワークです。

そのほかにも「ループ図」など、様々な問題の因果関係を紐解く「システム思考」のツールを対話のテーマに合わせて使い分けています。「学習する組織」のディシプリンの一つでありながら、同時に全てのディシプリンをつなぐのが「システム思考」です。

毎日忙しくしていると目の前で起きている問題ばかりに目が行き、個別に原因を見つけて対処したくなりますが、その施策が、実は長い目で見ると意図しない方向、むしろ不本意な結果を生んでしまっていることはないでしょうか。

「システム思考」では、個別の要素ではなくその**つながりが結果をもたらす**、今起きていることを引き起こしているシステムがある、そうさせているのは何か、と考えます。システムというと変わらないもの、自分ではどうにもならないもの、と思いがちですが、むしろ**変わり続けるものであり、自分もシステムの一端を担っている**と捉えると、問題の見え方も変わってくると思います。

5

探索し探究する

好奇心と違和感

「学習する学校」の目的は、自律的な学習者である教職員による自律的な組織になることにあります。まずは子どもたちを指導し支援する**大人たちが探究的で創造的でいられる**ように、というのが取り組みの原点で、**個人と組織が学習することを通じて成長し相互に発展するために、メンバー一人ひとりが探究する**ことが大切です。

そこで「学習する学校」になる4つ目のステップは、探究するチームになること。

探究の第一歩は好奇心です。知りたい、やってみたいと思うこと、興味関心があるものをなんでもいいので追究することです。同様に、何かの時に感じる違和感も探究のもとになります。疑問や課題感は創造のタネです。身の回りにあるワクワクやモヤモヤを見過ごさず「問い」に変えましょう。

先進的な教育プログラムに触れるなどして刺激を受け、自分なりに解釈して、探究学習の考え方やノウハウを学ぶことも有効です。プログラムで得られる知識や経験、そして一緒に学ぶ人たちとの出会いは、探究する学習者として学ぶことと同時に、探究学習をデザインしリードする教員としてのマインドやスキルをアップデートすることができます。

幸い現在は様々な情報がオープンで触れやすくなっていますし、オンラインのおかげで無料や安価で、場所や時間を選ばず学べる環境も充実しています。**教員こそ、好奇心を持って自ら学び続ける喜びを感じ、その姿を子どもたちに見せたい**ものです。

子どもも大人もみんな学びたい、本来は誰だって問題を解決したいと願っている、それが「学習する組織」の前提です。人生１００年時代と言われる今、学び続けることが自分の道を切り拓き、個人の成長が組織や社会をより良くすることにつながる、と信じています。校長は、児童生徒だけでなく**教職員の学びも後押しする存在であると同時に、誰よりもリーダー自身が飽くなき探究心を持っていたい**と思います。

- **教員そして校長自らが探究的な学習者であり続ける**
- **好奇心や違和感を探究の衝動へ昇華させる**
- **先進事例から探究学習のベースを学ぶ**

世界最先端の学び方から学ぶ

新陽高校の教員も、校内で実施する研修から個人で参加する外部プログラムまで、様々な機会を活用して学んでいます。**教育の質を高めたり自分の授業力を上げたりするための研修会で教員として学ぶ**のはもちろん、ミネルバ大学のプログラムなど世界の最先端の学習コンテンツに触れる機会やオンライン教材の体験会など、**学習者目線で学ぶ機会**も増やしています。

ミネルバ大学は2014年に創立されたアメリカの4年制総合大学です。本部はカリフォルニア州サンフランシスコにありますが、物理的なキャンパスを持たず、学生は世界数都市にある寮を移動しながら学ぶのが特徴。現地の企業や行政機関と取り組むプロジェクトと、「学習の科学」をベースに設計されたオンライン学習による、唯一無二の大学です。

新陽高校では、リクルートの福田さんを通じて、２０２０年度には探究コースの生徒へ、そして２０２１年度には全教員に向けて、ミネルバ大学の教育を体験できるプログラムを実施していただきました。アクティブ・ラーニングとは何か、ファシリテーションの理論と実践、生徒をどうやってエンゲージするか、ルーブリックを使った評価とフィードバックなど、世界最先端の学びのエッセンスを感じることができました。

特に、脳神経科学に基づいた「学び方を学ぶ」プログラムはこれまでの学校教育の概念を覆す学習者主体のアプローチで、大いに刺激を受けたようです。事前課題に取り組んでから参加する反転学習は、想像していたよりも大変で、でも考えていた以上に理解が深まることを実感し、「やっぱり学ぶって楽しい！」と言っていた教員が多数いました。

ちなみに、このミネルバプログラムの体験会も「中つ火を囲む会」の中で実施しました。学校の場合、年度が始まってから新たな研修時間を取るのはなかなか難しいですが、**「中つ火を囲む会」の時間を確保していることで、新たな学びにも挑戦しやすくなっている**ように思います。

6

実践し体得する

具体と抽象

学んだ理論や先進的な教育プログラムを単に「知っている」状態で止めないためには、現場で実際にやってみるしかありません。**試行錯誤や創意工夫を通じ、得た知識が自分のものとなり、やがて自身の持論が出来上がっていきます。**

メンバーが学んだ知識やスキルを実践の場で活用できるように、リーダーはその組織において学習と業務の一体化に努める必要があります。理論やフレームワークの抽象的な概念を本当に理解し自分のものにするには、具体的な経験を積むほかないのです。

知識を受動的に得るのではなく、**自らの経験から独自のセオリーを導き出す「経験学習」**という考え方があります。アメリカの組織行動学者のデイビット・A・コルブ氏が提唱した学習モデルで、実践の中にある経験を振り返り、そこから何を学んだか、どんな教訓や応用可能な知見があるか概念化・抽象化し、その自らつくった知識や法則を新しい場面で実際に試す、というサイクルを回すことで、人は経験から学ぶと考えられています。

なお、仕事の中に自然と学習が組み込まれるために、リーダーがやってはいけないことがあります。それは、「学習する学校」を特別な活動のように扱ったり、目的としてしまったりすること。**「学習する学校」はあくまでも考え方であり手段**です。校長が「学習する学校になろう」とキャンペーンのように掲げ、押し付けることがあってはならないと思います。

●学校現場での試行錯誤を通じて、持論を組み立てていく
●学習と業務を一体化し、リフレクションを次のアクションにつなげる
●「学習する学校」をキャンペーンにしない

学んだことを使ってみる

新陽高校では、ビジョンやミッションに基づく教育の実現と、社会の変化や生徒の多様化するニーズに対応できる教育の実践を目指して、それまで比較的、個々の教員や教科に任せていた授業改善を学校全体で取り組むことにしました。日々の授業を互いに見合ってリフレクションやフィードバックを行ったり、研修の中に対話を盛り込んだり、研修ごとに振り返りをして日々の実践や次の研修に活かそうとしたり、そこでは**若手もベテランも一緒になって学び、アンラーン（学びほぐし）や学習観のアップデート**が起きています。

また、生徒との関わり方や授業の進め方、行事の作り方など様々な場面で、生徒の主体性を引き出し創造性を伸ばそうとする工夫を感じることも多くなりました。教員一人ひとりの意識や視野の変容は、当然、生徒にも影響を与えているように思います。「中つ火を囲む会」で使う思考ツールやリフレクションのフレームワーク（次ページで紹介）を、生徒たちが授業等で使っている場面も見かけます。

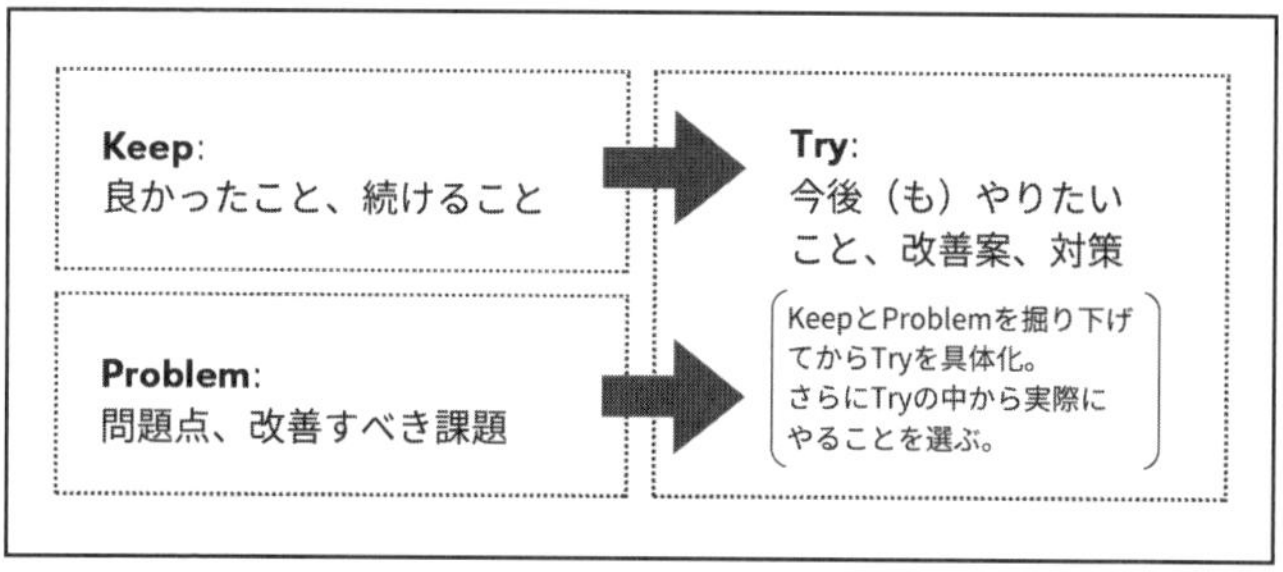

問題発見と対策検討のための「KPT」

意　見	自分の考えや感情の変化、気付きや発見
経　験	意見の背景にどんな経験があったか
感　情	その経験に紐づく感情はどんなものか
価値観	以上から見えてくる大切にしている価値観は

認知の枠（メンタルモデル）の４点セット

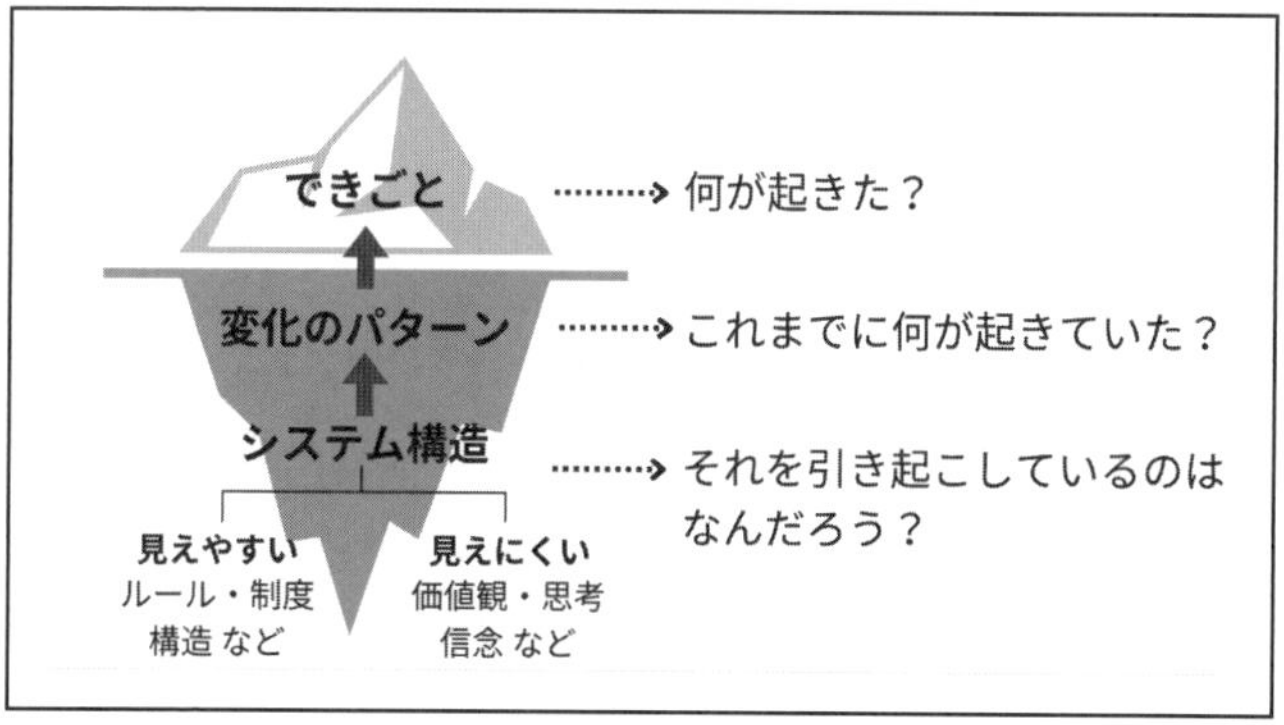

システム思考「氷山モデル」

7

対話と越境を重ね自律を促す

ダイアログとディスカッション

「学習する学校」において、個々が学習し成長することと、異なる個性や能力を持つメンバーが相乗効果を生み出すことは常に両輪です。そしてしつこいようですが、個人と組織の学習サイクルを回し続けるために欠かせないのがリフレクションと対話です。

リフレクションは振り返りと訳されることもありますが、振り返りが過去の反省で終わってしまっては充分ではありません。**リフレクションは、経験から学び未来に活かすためのもの**であり、**客観的・批判的・創造的に省察を行い、学びにつなげる**ことが大切です。

リフレクションは一人でもできますが、他人と対話して自分を捉え直したり、越境していつもと違う環境から自分を見たりすることで、メタ認知しやすくなります。なお人材育成の観点からも越境体験はもっと奨励されて良いと思いますし、転職や異動は難しくても、副業やボランティア、異業種との交流などに積極的に参加する教員が増えるといいなと思っています。あるいは学校で地域や企業と連携したプログラムを実施したり、プロボノを受け入れたりすることで、教員も生徒も、異なる価値観に触れることができます。

ピーター・M・センゲ氏が書いた『学習する組織』では、対話にはダイアログとディスカッションという2つの異なる方法があり、両者の違いを見分け、使い分けることが大切である、とされています。

「ダイアログでは、**複雑で微妙な問題を自由かつ創造的に探究し、互いの話にじっくり耳を傾け、自分の考えを保留する**。対照的にディスカッションでは、様々な考えを発言したり弁護したりして、そのときに下さなければならない決定の裏づけとなる最善の考えを追求する」*3

ここまで私が「対話」と言ってきたのは、このダイアログのことです。**人の話を聞く時は自分の中にある前提（思考や偏見）を一旦保留し、だからこそ互いに自分の持つ前提を自由に話し合うことができる**のがダイアログ。探究と創造に欠かせない技術であり、互いに影響し合い個の力の総和以上の創造力を発揮する「学習する学校」の大事な要素です。

●積極的な越境体験で客観性や新しい価値観を得る
●ダイアログとディスカッションを意識的に使い分ける
●対話（ダイアログ）を通して良い影響を及ぼし合い、個人もチームも成長する

対話を重ねて何かが変わった瞬間

新陽高校でも、「中つ火を囲む会」などの対話の場と、ディスカッションする会議の場は分けて考えるようにしています。最初は、正解や結論のない対話の場に慣れない教員もいましたが、今では場の目的を共有し、使い分けられるようになってきました。

２０２１年8月18日、「中つ火を囲む会」を始めて5か月目となるこの日、翌年導入する単位制カリキュラムについて話すことになりました。新陽高校の単位制では、コンセプト「生徒の数だけ学びがある」に従い、生徒が自分の希望する学び方で授業を選べるのが特徴で、「学び方別の授業が生徒にとってどんな意味を持つか」「教員自身にはどんな意味を持つか」が対話のテーマでした。

「中つ火を囲む会」では、校長である私はファシリテーターではなく、対話にも直接は参加しないでいるのですが、この日もその立ち位置から見ていると、それまでとなんだか違う気がしました。そして、それを確信したのは会が終わった直後。前月までは、話が盛り上がることがあっても会が終わるとその勢いがすぐ消えてしまう感じがあったのに、この日は職員室にそのまま いくつかの小さな集団が残り、それぞれ話を始めたのです。単位制カリキュラムでの授業について話し続けるグループもあれば、別の話をする人たちもいましたが、対話の炎があちこちで小さく燃え続けていることは確かでした。

この回の後も「中つ火を囲む会」を続けてきて、**教職員のリフレクション力の向上**や**対話が学校文化になりつつある**こと、そして**日常の職員室の雰囲気も変わってきた**ことを感じています。

8

ときに強いリーダーシップを発揮する

平時の見守りと有事の決断

「学習する組織」をモデルとした「学習する学校」が目指すのは、メンバー一人ひとりが自分で考えて、判断し動けるチームです。個人と組織が変化し成長するための方法はここまでお伝えしたとおりですが、それを実行していく上で**大切な校長の心構えは、どれだけ現場に任せて、どれだけ待てるか**。第1章で触れた**リーダーの任せる勇気、見守る根気**が大事です。

任せるコツの一つとして、**オープンクエスチョン**があります。イエスかノーで答えられるクローズドクエスチョンは、簡潔な答えや相手が答えやすいというメリットはありますが、相手に考えさせたり動機づけにつなげたりするのには向きません。一方でオープンクエスチョンは、相手に答えを委ねる質問を投げかけることで気付きや新しい発想を生み出し、主体性を向上させます。

もう一つのコツは、**マイルストーンを設定**すること。マイルストーンとは、プロジェクトや作業の途中地点のことです。特に長期のプロジェクトや複雑な工程がある場合には節目となるポイントをいくつか置き、要所要所で担当者から進捗を報告してもらいます。ゴールに行くまで放っておくのではなく、小分けにして状況を確認し、必要に応じて修正できるようになっていることが重要です。

一方、**個々の判断に任せるべきではない時も**あります。それが**有事の際**です。例えば生徒の安全に関わることや学校の信頼に影響することが起きている時、あるいは重大な判断が求められ教職員をリードする時など、校長は強いリーダーシップを発揮しなければいけません。

ただしそれは、独断で決めて剛腕を振るうこととは違います。迅速かつ的確に判断するために、**現場の声を聞き、必要な情報を集める**ことが大切です。

そして、平時でも有事でも変わらないリーダーの仕事は、ミッションとビジョンを伝え続けること。**ビジョンが実現した世界がいかに魅力的か語り続け、メンバーを奮い立たせる**ことだと思います。

- **平時は、質問力と傾聴力を発揮して見守るのがリーダーの仕事**
- **有事にはリーダーの判断力が求められる**
- **どんな時も、ミッション・ビジョンが前提にあることを伝え続ける**

「全員発揮のリーダーシップ」のジレンマ

新陽高校でも、リーダーシップは目標達成のための影響力であり、全員で発揮することが大切、と考えています。もしリーダーがパワーを行使しすぎるとメンバーの無力感は高まり指示待ちになってしまいます。これでは、探究的で創造的なチームになるはずがありません。

しかし、全員がリーダーシップを発揮するという考えだけが広がっていくと、**意思決定に多くの人を巻き込みすぎて責任の所在が曖昧になり、全体が混乱してしまう**ことがあります。「学習する学校」に取り組んで４年、組織が変化する中で何度かその状況に陥ったことがありました。そしてその混乱を経験すると「誰かに決めてほしい」「管理職からの指示が欲しい」と思ってしまう人が必ず出てきます。かと言ってそれをすれば、みんなが思考停止し自分で動けなくなってしまうので、自立を促しつつ丸投げしないバランスの中でのマネジメントが肝です。

権限を持っているからこそ、取るべきリーダーシップがあります。ゆえに、分掌長や主任など**ミドルリーダーには、責任と権限を意識した上でのリーダーシップを発揮してもらう**ことが重要であると痛感しました。各自の責任と権限を明確にすること、そして小さなことでもいいので意思決定の経験を重ねること、ミドルリーダーがミドルリーダーとしてリーダーシップを発揮しやすい環境をつくることが、リーダーである校長の役割だと思います。

【注】

＊1　株式会社ZENTechウェブサイトより

＊2　熊平美香『リフレクション　自分とチームの成長を加速させる内省の技術』ディスカヴァー・トゥエンティワン、2021年

＊3　ピーター・M・センゲ、枝廣淳子・他訳『学習する組織―システム思考で未来を創造する』英治出版、2011年、319頁

第4章

「業務」を変える行動戦略

1

ゴールを定めて共有する

コミュニケーションと「ほんの少しの優しさ」

この章では業務改革について、主にマネジメント視点から触れていきたいと思います。学校業務の改善に関しては、文部科学省の中央教育審議会や、経済産業省の「未来の教室」でも議論のテーマとしてあがり続けています。教員の長時間労働はずいぶん前から問題となっており、メンタル不全や休職・退職、教員の成り手不足など、悪い影響は広がるばかりです。企業で始まった働き方改革の波は学校現場にも届き、様々な施策や取り組み事例が共有されたりアドバイザー事業に予算がついたりしていますが、相変わらず日本の学校の先生は忙しいと言われています。どうしたら、改善がもっと進むでしょうか。

学校業務における課題は、システムとして捉える必要があります。**仕事の仕組みやマニュアルあるいは報酬（インセンティブ）制度などの目に見えるシステム**と、**メンタルモデルや感情といった目に見えづらいシステム**の両方が複雑に絡みあって変わりづらくさせているので、個別の問題に対処してもおそらく根本的な解決には至りません。

特に変化を妨げているのは、メンタルモデルなどの目に見えないシステムだと考えています。何かを変える時、それが中長期的には良い方向になるものだとしても、短期的には負担が増えます。慣れないことをしなければならない面倒くささなどの心理的負担は避けられず、その抵抗感は集団になるほど強くなります。

個人と集団が、それを超えてでもやってみようというマインドになり行動が変わるためには、**明確なゴールが全体で共有されること**が大切です。

なんのために業務改善するのか、改善した先にどのような未来があるか、リーダーはビジョンをしっかり示さなければいけません。同時に、業務改善によって個人と組織が得られるメリットを示し、取り組む中で実際にメンバーがメリットと感じているか確認することも重要です。

そもそも日々の業務が円滑に進むかどうかは、コミュニケーションの質と量にかかっています。**コミュニケーションが変わればマインドは変わります。**情報共有がまめに行われ意思の疎通や状況の把握ができていれば互いに協力することができますが、コミュニケーションが足りないと、同じことをダブってやっていたりミスやトラブルへの対応が遅れて深刻な事態に発展してしまったりする、という状況はどの組織でも起こり得ること。業務を改善しようとすればなおさら、円滑なコミュニケーションは必須です。

良いチームや仕事ができる人を見ていると、気配り目配りがあると感じます。受け取った側が動きやすいように資料が工夫されていたり、関係者への根回しが済んでいたり。そのほんの少しの優しさをみんなが持てるようになれば、チームの仕事は格段にスムーズに進み、新しいことへも挑戦しやすくなると思います。

- **様々な業務の課題は、システムとしてつながっている**
- **大きな目的としてのビジョンと、改善による具体的なメリットの両方を示す**
- **日々のコミュニケーションでマインドを変える**

ヒトではなくコトに目を向ける

実は校長になる前、新陽高校で取り組む「組織」「業務」「学び」という改革のアプローチのうち、業務改革が一番スムーズに進むと考えていました。現場の先生たちが、もっと余裕を持って仕事したいと思っているのは明らかでしたし、事業再生や一般企業での経験から業務の効率化のアイデアやノウハウを持っている自負もあったからです。

でも実際には、**一番難しいのが業務改革**でした（現在進行形で何度も壁にぶつかっています）。自らやってみせたりプロの力を借りたりしながら、一部は改善が進みました。でもやり方を提案しても活用してもらえず、なんとか変えたことも定着せずに結局元に戻ってしまうことも多い。そんな中である時、もっと効率的なやり方があるのになぜやらないのだろう、と自分の価値観でメンバーを見てしまっていることに気付きました。そこで、**システム思考に立ち返り、ビジョンに対して上手くいっていないコトに目を向けて「そうさせているのは何だろう」と考えようと意識する**ようになってからは、先生たちとのコミュニケーションが少し変わった気がしています。

2

枠組みをつくる

プロセスとフォーマット

学校の業務改革が進まない一つの理由は、**仕事が属人化している**ことにあると思います。

10年ほど前に初めて学校の先生と直接関わるようになった頃、個人事業主みたいだな、と思いました。公立の学校の先生でもそうでしたが、私立の校長になり、より強くそう感じています。

教員に限らず、専門的な職種ほど一人ひとりの知識やスキルによるところが大きくなり、経験を積むにつれて自分なりのやり方が確立していきます。プロフェッショナルとして自分のやり方を持っていることはとても大切で、その先生にしかできない授業や生徒との関わり方といった個性は貴重です。それが教員や学校の魅力にもつながります。

　でも、だからといって何もかも自己流でゼロからつくるのは非効率ですし、組織としての統一性がなくなってしまいます。また、業務プロセスが属人化し、ブラックボックス化してしまうと、業務が止まってしまったり責任の所在が分からなくなったりするリスクも高まります。

　学校は、もっと**業務プロセスやフォーマットの標準化**を進めたほうがいいように思います。リーダーは、率先して様々な業務の枠組みを整理するとともに、業務プロセスやフォーマットが活用されるよう現場をサポートすべきです。そのためにも、業務の全体像とその業務を行うメンバーの実態を把握しなければいけません。

- **業務の手順や文書の様式に個性は必要ない**
- **その先生の代わりはいないが、その先生の業務は誰かが代われる**
- **業務の標準化を牽引するのはリーダーの仕事**

新しい取り組みが多い学校こそ枠組みを揃える

プロセスもフォーマットも仕事における基本的な枠組みです。**業務プロセスとは、仕事の進め方や手順のこと**。また、**業務のフォーマットは文書等の様式や書式のこと**です。

新陽高校には、管理職と部門長で構成される運営委員会と呼ぶ会議体があり、ここでは学校で行う様々なことを相談して決定します。例えば一つの行事を実施するには、①担当者が原案をつくり、②内外の関係者と調整し、③担当の部門長と教頭のチェックを受けて、④運営委員会に提議し承認されたら（決裁は校長が行う）、⑤全体へ共有する、というプロセスを踏みます。その他、生徒指導や教育相談などについても、原則的なプロセスを定めています。これらは**毎年、年度はじめの職員会議で共有**しています。

プロセスで特に重要なのは、**いつ、誰が、を明確にしておく**こと。タスクに取り掛かるタイミングも「なるべく早く」や「すぐに」といった抽象的な表現でなく、「〇〇してから〇日以内」とか「〇月〇日までに」など具体的に期限を定めておくのが大事です。

校内・校外向け文書についても、どのように作成して回覧し、送付するのかフローを決めています。保護者宛の文書や外部への依頼文、校内で共有する実施要項等に関してはフォーマットも定めています（実施要項の基本的な項目は以下のとおりです）。

なお、実施要項の形式について、単発のイベントや生徒の活動の要項はGoogleドキュメントで、学校祭や体育祭、式典、オープンスクールなど規模の大きな行事の場合はGoogleスプレッドシートで作成しています。スプレッドシートでは、スケジュールや役割分担、配置図など項目ごとにタブを分けられるのでとても見やすくお勧めです。

新しい取り組みが多い学校では新規で要項をつくる機会が増えますが、**フォーマットを整理しておけば、抜け漏れが起きづらく、効率的に準備を進められます。**

・目的
・日時
・スケジュール（時間割への影響、登録科目など）
・場所
・対象
・生徒の動き
・教職員の動き・役割分担
・費用（費用がかかる場合はどの予算か）
・備品：プロジェクター、椅子、教材など
・環境：特に冷暖房や扇風機など季節で注意が必要
・その他：時間外勤務、振替休日、校内警備延長の要否、など

実施要項に記載する項目（例）

3

枠組みを具体に落とし込む

マニュアルとテンプレート

プロセスとフォーマットは大事ですが、それだけでは実際の業務において属人化の解消や効率化は進みません。**プロセスを具体的な個々の活動に落とし込んだマニュアル**や**校内外向けの文書のテンプレート（ひな型）**が不可欠です。

マニュアルをつくるとき、まずは**目的と範囲**を決めます。なんのための業務か、そのプロセスを実施してどのような目的を果たしたいのか、目的によってカバーする適用範囲が変わるからです。その範囲に合わせて作業の内容や手順を整理しまとめていきます。

また、マニュアルは詳しければいい、というものではありません。情報が多すぎると大事なことが分かりづらくて結局活用されない、なんていうことにもなりかねません。**フローチャートや図、写真なども効果的に入れて、視覚的にも分かりやすいマニュアル**を目指しましょう。マニュアルをつくったら、その業務に詳しい人ではなく新人や初めて担当になる人に見てもらい、マニュアルが有効に機能するかチェックするのも良いと思います。

マニュアルもテンプレートも、**使いたい時に使える**ことが重要。そのためには、保存されているファイル等が見つけやすい状態であること。今はだいたいデジタルデータで保存していると思うので、どこにあるか全員に共有されていたり、検索した時にヒットしやすいようなファイル名を付けたりすることが、探しやすいコツです。

そしてマニュアルやテンプレートは、つくって終わりではありません。むしろ実際に活用しながら更新し続けることが大切です。使いながら気付いた点を修正するのはもちろん、マニュアルに沿って活動を行った後にリフレクションを行い、その内容を反映してアップデートすることが、マニュアルがみんなにとって有益であり続けるためには必要です。改善され続けるコツは、**このリフレクションと更新までのプロセスを、マニュアルのフローの中に組み込む**ことだと思います。

さらに、マニュアルやテンプレートが整備されていれば、担当が変わったり新任の先生が入ったりしてきても業務が比較的平準的に行われますし、それ自体が仕事を覚えるための資料や引き継ぎ書になります。質の高いマニュアルやテンプレートが共有・活用されている組織は、人材育成も上手く行われている組織であることが多いような気がします。

●マニュアルやテンプレートは「見やすさ」と「見つけやすさ」が大事
●実施した後にリフレクションの内容を反映し、更新や見直しを行う
●人材育成の観点からもマニュアルやテンプレートを活用する

学びながらつくる、つくる前に探す

新卒で就職した三井物産は、「人の三井」と称されるほど人材戦略や人材育成に力を入れている会社でした。今も、研修やローテーション、採用など、特色ある取り組みをしているようです。自分の社会人としての基礎は全てあの4年間でできたと言っても過言ではなく、最初に働いたのが三井物産で良かったと思っています。

新人の時、業務を学びながら業務日誌を作成し、それを先輩や上司に見てもらう、という課題が与えられました。一年間経つと、それが自分の業務マニュアルになる、という仕組みです。**学びながらマニュアルをつくることで業務の理解と整理ができた**だけでなく、後に人に説明する時も役に立ちました。

それから、新陽高校では校務に関するリンク集のサイトがあります。基本的にGoogleのアプリケーションを使っているので、規則や規定、様々な業務のプロセス（フロー）や様式、マニュアル等のスプレッドシートやドキュメントのリンクがまとめられ、困ったらまずここを見よう、となっていて便利です。

ただ、マニュアルの更新は充分ではありません。新陽高校では新たな取り組みが多い分、業務もどんどん新しくなっていくので、マニュアルが追いつかないのが現状です。また、実はテンプレートもあまり活用されていません。保護者向けの文書や外部への依頼文など良いひな形がたくさんあるのですが、自己流でつくってしまう先生が多いです。できれば**つくる前に、使えるテンプレートや参考になる前例がないか探すことを癖に**してもらいたいと思っていますが、どうしたらそうなるか、まだまだ試行錯誤中です。

4

目的に合わせた体制をつくる

機能別組織とプロジェクト型チーム

業務プロセスと深く関わるのが、組織構造です。**組織構造とは、業務分担やその責任・権限を示したもの**。どんな基本構造を置くかによって組織の動きは全く変わります。

企業では、**目的や規模に合わせて適切な組織構造がデザインされる**のが一般的。代表的なものとして、機能別組織や事業部制組織、あるいはそれを組み合わせたマトリクス型の組織などがあります。また、意思決定のあり方や組織の成熟度によって取る組織モデルも異なります。

学校に関わるようになって、学校組織がある意味で特殊な構造になっていると感じました。それは、**一人が担う役割が３軸ある**ことです。そして、学校の規模つまり教員の人数に関わらず、基本的に同じような構造に基づく役割分担になっているのも不思議でした。

中学校や高校の場合、教員は、

①教科の指導
②担任としての生徒の指導・支援
③校務分掌（教務や生徒指導、進路指導など）

の３つを掛け持ちで担っていることがほとんど。全て生徒でつながっているとは言ってもそれぞれ業務としてはまったく別であることも多く、**一人ひとりの教員の業務負荷やチームの中での業務分散のバランスを取るのは容易ではない**と思います。

さらに近年は、探究学習や教科横断のＰＢＬなどの広がりと共に①②③のどれにも入らない（あるいは全てに当てはまる）担当が生まれ、かつ、こういった役割は繰り返されるルーチンワークではなく新しいことを生み出すクリエイティブな活動になるため、どのくらい負荷がかかるか読めない業務となり、マネジメントの難易度は上がります。

校長は、学校全体で行われている業務の状況と教職員個々人が担っている業務の実状を把握し、ビジョンに沿った体制と役割分担を決めなければいけません。その際、それぞれの担当が持つ権限と責任も明確に示すことが大切です。なお、職員規模が50名程度を超えてくると、校長が全員と同じようにコミュニケーションを取ったり、みんなで意識を共有したりするのは難しいので、**教頭やミドルリーダーにマネジメントの役割と権限・責任を委譲する**必要があります。

では、教員が専門性や個性を発揮しながら、安定的に持続可能な学校運営を行うにはどのような組織構造が良いのでしょうか。残念ながら、正解はない、というのが様々な学校のアドバイザーを務め、自分で一つの学校の校長をしてたどり着いた結論です。結局、**その学校に合った構造をデザインするほかない**のだと思います。

ただし必ず持つべき視点はあります。それは**生徒を中心に考える**ということです。教職員の業務は、最終的に全て生徒に届くためのもの。学校のビジョンに基づき目指す生徒像、そして生徒の実態をもとに、どのような教育活動を行うべきか、その活動を実現するにはどのような組織構造が適しているか、それを考え実行するのが校長の仕事です。

このような視点で組織体制と仕事のやり方を変遷してきた新陽高校の実践事例を、この後に紹介していきます。

●ビジョンに合わせた体制を組み、役割と権限・責任を明確に定義する
●それぞれの教員が担う業務の範囲を正確に理解する
●生徒中心に考えて、機能別組織とプロジェクトを行うチームを組み合わせる

相性の良いものをつないだらできたコミュニケーション・センター

あらためて、校務分掌とは、学校教育の目標を実現するために校務を分担し、協力して進めていく業務分担や校内組織のことです。教務部、生徒指導部、進路指導部など、それぞれが専門性を持って役割を担うのが分掌を置くメリットですが、縦割りが過ぎると組織全体の最適化を図ることができません。そこで新陽高校で２０２１年に再定義したのが、ＣＣ（シーシー）と呼ばれるチーム。コミュニケーション・センターの略です。

ＣＣが最初に設置されたのは２０１９年。当初は、生徒会や部活動、地域連携に国際交流等、新陽高校が荒井校長のもと新しい教育に取り組む中で、**それまでの分掌部にない業務を担ったり他の部門をサポートしたりする**のが主な役割でした。その後ビジョン２０３０が掲げられた２０２１年、つながりやまとまりがあるとスムーズに進むと思われる業務や役割を整理していった結果、**生徒を含む学校組織を縦にも横にも、さらに外部ともつなぐ学校運営のハブ**としてＣＣが再定義されました。

　何かと何かをつないで新しい価値を創造する、誰かと誰かをつなぎそれぞれの良さを最大限引き出す、それがＣＣのミッションであり、教育の再創造を目指す新陽ならではのチームとなりました。組織全体の変化や必要に応じてＣＣの体制や役割は変わっていきながら、２０２３年度まで機能しています。

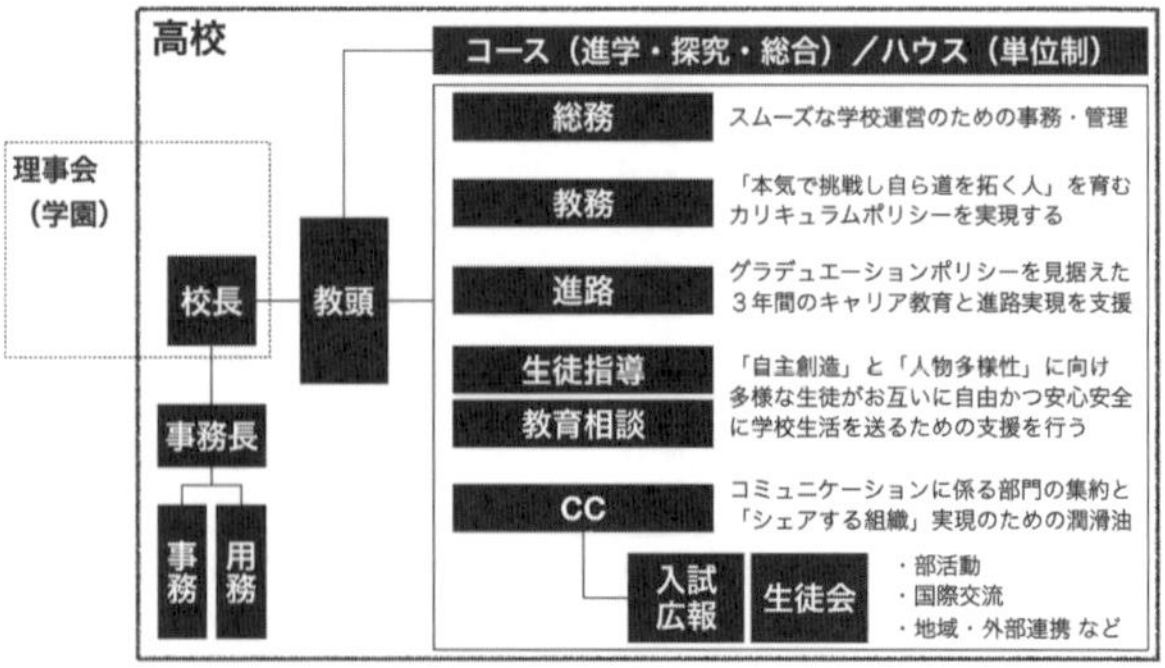

2023年度 札幌新陽高校 体制イメージ

事業仕分けで見えたプロジェクト型の業務

新陽高校のＣＣの業務は、複数分掌の調整や管理職・全分掌・コースの補佐など校内業務円滑化に関わるタスクと、その他ＤＸ推進、入試広報、研修関連、地域・企業連携、部活動、同窓会など、多岐にわたります。なぜこのように広範囲をカバーするチームになったか、それは組織体制を考える時に事業仕分けをしたことがきっかけでした。

機能別組織的な考え方で部門が分かれている分掌は、再現性をもって安定したサービスを提供するのには向いています。ただし、業務を細分化し各部に分配し担当を付けるというやり方にすると、ボリュームや時期といった仕事の偏りが生まれます。教員の働き方改革の観点からも、一人ひとりの個性や強みを活かしながら成長を促すためにも、**各分掌の業務はその役割を果たすコアなものに絞ったほうがいい**のでは、と考えました。

また、恒常的な業務が多いようで、実は、学校で行われている活動はプロジェクトとして見ることもできます。期限・予算・達成したいゴールなど、プロジェクトの要件が揃っていますし、チーム横断的であるのもプロジェクトの特徴。そこで、**プロジェクトを円滑**

に進める潤滑油のような役割をCCに担ってもらうことにしました。

ミドルオフィス構想へ

2021年にCCを再定義した時から一緒に構想を練ってきた高石大道先生は、企業での勤務経験もあり、広い視野と細やかな視点でマネジメントできるCCのリーダーでした。CCの発展とともに大道先生とよく話すようになったのが、**CCの仕事は教員にしかできないのだろうか、CCのメンバーは正職員である必要があるか、**という疑問です。

CCという新たな役割を置いたことで、分掌業務のあり方を根本から問い直すことができた新陽高校だからこそ、旧来の学校組織に縛られずさらに発展した形にできるのではないか、そんなことを考えている時に、ふと、以前勤めていたコンサルティング会社や外資系投資銀行にあった機能を思い出しました。それがミドルオフィスです。

顧客と直接やりとりするフロントオフィスと、経理・法務・人事など事務実務を行うバックオフィスに対して、調査や分析、報告書の作成などフロントを支援するのがミドルオフィス。顧客と直接は接しないものの、ミドルの人たちが提供する情報やアウトプットが顧客へのサービスの質に大きく影響すると感じていました。それを参考に、分掌業務を、**生徒に直接関わるフロント的な業務**と**フロントをサポートするミドルオフィス的な業務**に分けて考えてはどうか、と思ったのです。

さらにミドルが担う仕事を中心に、教員免許を持っている人や正職員でなくても担える業務があるはず。むしろ教員がやらないほうがいい業務もあると思います。これは海外の小中高校を視察して実感したことで、事務方や外部に委託し、空いた時間を**教員は生徒とのコミュニケーションや教材研究、自己研鑽に使う**べきだと考えています。

このミドルオフィス構想が現実味を帯びたのは、実は大道先生の退職がきっかけです。会社を立ち上げ、今は学校教育の前進をサポートする事業も展開する大道さんに、外部人材として伴走してもらっています。

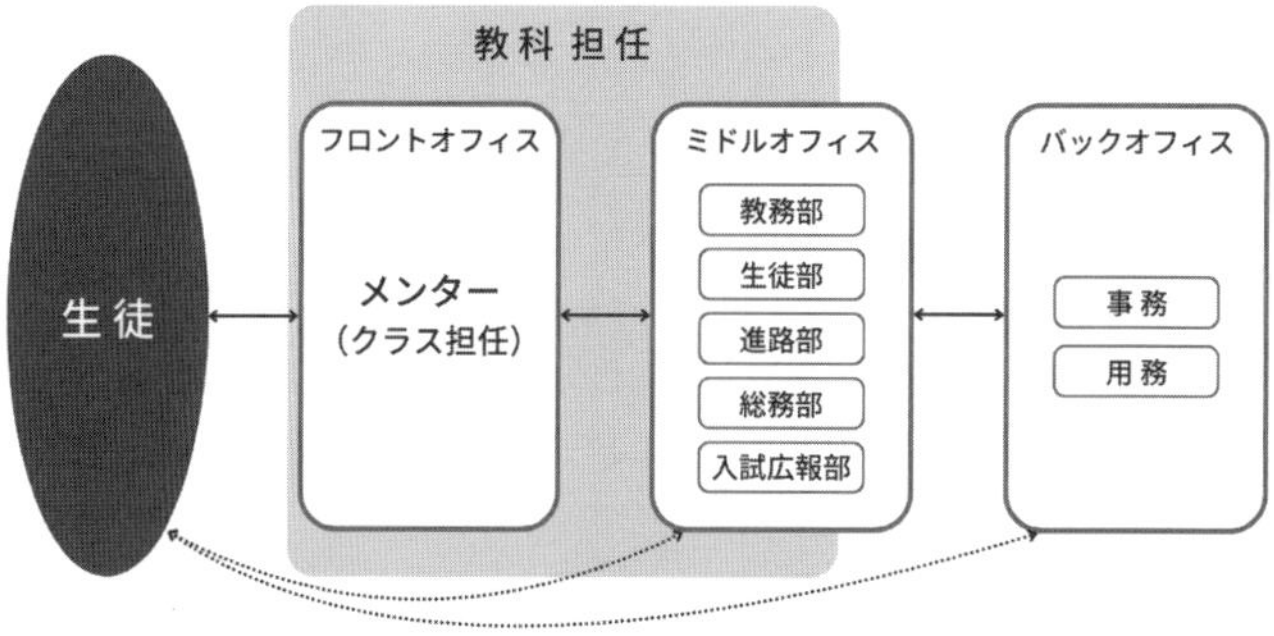

学校における「ミドルオフィス」のイメージ

5

外部のスペシャリストの力を借りる

個々の専門性と全体最適

学校事務や用務、さらには教員が行ってきた仕事も、アウトソーシング（外注化）する動きが近年進んでいます。教員の負担過多や人材不足を解消する手立てとしてアウトソーシングは有効です。ただ、業務の適正化や負担軽減だけを目的とすると、実はあまり進まないような気もするのです。なぜならそれは、今仕事を抱えている人が自ら手放すことが前提となるからです。

これまで学校の先生は、オールマイティさが求められてきたように思います。そして責任感が強くて、自分が持っている仕事をやめたり、人に振ったりするのが苦手な人が多いとも感じます。でも、**全員が平均点以上を目指すより、それぞれ得意なことで力を発揮した方が、創造性も仕事の満足度も上がる**のではないでしょうか。

だからと言って、それぞれが好きなことだけやっていればいいというわけではありません。また、ありがちなのが「できる人」に仕事が集中してしまうこと。能力も経験も、プライベートで抱える事情も異なるメンバーが平等に仕事をすることは難しい一方で、公平さは欠かないように、リーダーは全体を見ながら業務が最適に配分されているか目を配らなければなりません。

そのためにも、内部にないリソースは積極的に外部から取り入れるべきです。地域や保護者の力、他校との連携、民間企業や外部団体など、学校に関わってくれる人たちはたくさんいるはずです。「餅は餅屋」と言いますが、どんな分野でもたいていその道の専門家がいます。その専門家と、ただ作業を外注する先として付き合うのではなく、**ビジョンを共有し、協力する関係性をつくる**ことが大切です。

集合知という考え方があります。複数の知性を集めてより優れた知性が生まれる、というもので、全体の力が個の力の総和以上になることを言います。単なる集団ではなく共通のビジョンを実現するための組織として内外の力を最大限に発揮できるよう、校長が率先してリーダーシップを発揮しましょう。

●それぞれの個性や得意分野を活かすために、苦手なものを手放す
●できる人に仕事が偏りすぎないよう、リーダーが全体最適を図る
●各分野の専門家と協力し合う関係を築く

ナナメの関係は大人にも必要

前の項で述べた大道さんの株式会社 ZENSHIN CONNECT には、入試広報や生徒のキャリア支援などいくつかの業務を委託し、新陽高校の名刺を持って動いていただいています。

また、総合的な探究の時間やＰＢＬを発展させるために、株式会社すみかの月館さんに探究コーディネーターとして入っていただき、生徒と教員をサポートしてもらっています。

またこれまで、株式会社コパイロツト（教員や生徒会のプロジェクト推進）、ＰｗＣコンサルティング合同会社（会議や文書作成における業務改善、キャリア教育など）、株式会社Another works「複業クラウド」（キャリア教育、学校パンフレットデザイン）など、様々な分野の専門家を抱える企業から、プロボノでの支援をしていただきました。ちなみに**プロボノとは、スキルや経験を活かして社会的・公共的な目的のために取り組む社会貢献活動**のことで、「公共善のために」を意味するラテン語を語源としています。支援される側だけでなく、プロボノに参加した側も成長したり新たな世界が広がったりとメリットがあり、スタッフを積極的にプロボノに参加させる企業も増えています。

サツドラホールディングス株式会社、プロバスケットボールチームのレバンガ北海道、札幌商工会議所、札幌ポプラライオンズクラブなど、地域の企業や団体からも生徒の活動を応援していただいていますし、地元の町内会・澄川地区連合会の皆さまにはいつも温かく学校を見守っていただき、生徒が地域活動に参加する機会を提供してもらっています。

新陽高校が目指す教育の再創造は、内容面からも運営面からも、学校単体では到底実現できるものではありません。子どもにとって、保護者や先生ではなくまた友達でもない「ナナメの関係」や「第三の大人」という存在が良い役割を果たす、という話がありますが、**大人にこそ「ナナメの関係」が必要**なのかもしれません。

6

会議をアップデートする

発散と収束

会議についての本や記事は数多あるのに、無駄な会議がなくならない、会議が効果的に行われないという声は、いつの時代もどんな組織でも聞こえてきます。さらに学校は、組織体制のところでも書いた通り、一人の教員が複数の役割を担い、いくつものチームのメンバーになっているため、参加する会議が多くなりやすいのも事実。でもだからこそ、会議を見直すことで業務改善につながる余地はまだある、とも思うのです。

会議においても、やはり**一番大切なのは目的**です。なんのためにその会議を開催するのか、参加者の目線が揃っていなければゴールには到達できません。同時に、その場にいるみんなの意識や準備におけるグランドルールを明文化しておくと良いです。目的もグランドルールもわざわざ示さなくても分かると思いがちですが、**「相手も分かっているはず」という無意識の思い込みが、会議の非効率さ、さらには組織の硬直化**をも招きます。

それから、アジェンダ（予定している議題をまとめたもの、あるいは各議題のこと）や議事録など、会議で使用するフォーマットを用意し、誰でも作成できるようにしておくことで、みんなで協力して会議を進めることができます。なお、**アジェンダには「発散」「収束」「共有」「決定」といったタグを付けて分類**すると、そのテーマに対して誰が何を準備すればいいのか、会議でどのような発言を求められているのか明らかになり、会議の質が上がります。

また会議を単体のものとして見るのではなく、**連続して行われるものであり、会議と会議の間には一定の時間がある**と捉えることで、会議以外の時間をもっと有効に使うことができるようになります。会議の前に情報を共有しておいたり、会議と会議の間に小さな打ち合わせを行ったり、収束させるはずのアジェンダが一向に結論に至らない場合は次の会議に持ち越して一旦情報を整理したり、柔軟に対応する方法はいくつもあります。

●会議の目的とグランドルールを決める
●アジェンダや議事録などのフォーマットを用意し共有する
●会議を連続するものとして捉え、会議と会議の間を有効に使う

会議の進め方は「習って使って慣れろ」

ここでは、定例ミーティングを活用したプロジェクト推進を実現するクラウドサービス「SuperGoodMeetings」を使った事例を紹介したいと思います。と言っても、使ったのは教職員ではなく生徒。これは株式会社コパイロツトが提供しているサービスで、新陽高校の教員もいくつかのプロジェクトや部門の定例会議で導入し、アジェンダや議事録がまとめやすくなっただけでなく会議に向かう姿勢やスキルの向上なども見られました。

近年PBLに取り組む学校は多いですが、プロジェクトを進めるスキルが生徒に備わっていないと学びとしてのプロジェクトが十分に機能しないのではないか、と考えています。

さらにプロジェクト推進の方法論は、社会に出てからも役立ちます。そこで、生徒が「SuperGoodMeetings」を使いプロジェクト推進を学ぶために、学校祭プロジェクトをコパイロットの方々に支援していただくことになりました。

期間は４か月。前半は、コパイロットの方のファシリテーションで生徒会役員の生徒たちが毎週１時間程度のオンライン会議を実施。基礎的なプロジェクト推進の方法やマインドを学びながら、学校祭の要素を決めるプロセスを実際に体験し、プロジェクトを進めていきました。最初の頃はもっと発言を促した方がいいかと担当の先生が悩んだこともありましたが、後半からは、生徒が会議のファシリテーションを行い、プロジェクトを主体的に進めるようになりました。コパイロットの方から助言を受けながら大部分は生徒自身が準備を進め、「アジェンダ」「タスク」「ガントチャート」という用語を使いこなし、迎えた当日、大きく成長した役員生徒たちにより学校祭は成功裏に終わりました。

学校祭が終わった後、プロジェクトメンバーで振り返りを実施。**アジェンダを意識しながら会議に向かうことでプロジェクトを進めることができた、先のことを見据えて次のアクションを考える意識を持つことができた、役割分担をしつつプロジェクトに取り組むことができた**、とチーム全員が手応えを感じたようでした。

7

学校ＤＸを進める

組織変革と価値創出

最近、学校ＤＸあるいは教育ＤＸという言葉を様々なところで聞くようになりました。ビジネスの場でも話題になることが多い**ＤＸ（デジタルトランスフォーメーション）とは、デジタル技術が人々の生活をあらゆる面で変化させる**こと。もともとは社会や世の中が変わる、という視点でした。やがてその広義のＤＸに加えて、テクノロジーを活用して企業や組織が変わる、という狭義のＤＸの考え方が広がってきました。さらに、ＤＸを推進するのはデジタル技術を使って人々の生活をより良くするため、というＤＸの目的が定着しつつあります。つまり学校ＤＸとは、**デジタル技術を活用して学校教育のあらゆる面において変革を行い児童生徒の学びや教職員の業務がより良くなること**、同時に、**デジタル技術によって学校組織が変わりそれが社会に良い影響を与えること**、と言えると思います。

学校ＤＸの具体的な方策やその効果の検証は専門家に譲ることとし、ここではＤＸを進めるにあたって学校現場で校長が持っておきたい視点について触れておきます。

まずは、前述の目的を忘れないこと。ＤＸのようなバズワードに振り回されず、今いる組織でできること、そして優先順位の高いことから少しずつ始めること。

ＤＸは単なるデジタル化ではないとよく言われますが、それはデジタル化を進めるべきではないこととは違います。最初は、アナログで行われていた作業をデジタル化すること、つまり**デジタイゼーション**から始まります。次に取り組むのが**デジタライゼーション**、ビジネスプロセスのデジタル化です。その先に、**ＤＸによる組織変革と価値創出**があります。

一方で、デジタル技術の活用は好むと好まざるとに関わらず進んでいきます。スマートフォンやＳＮＳの存在、半導体や生成ＡＩなど、**デジタル技術の進歩はすでに私たちの周りで起きていて、待ったなし**です。学校ＤＸの推進という社会の流れを、分からないものだと負担に感じ過ぎず、大人も子どもも、これからの社会で必要なスキルや知識を身に付ける機会として、前向きに捉えていきましょう。

●**学校ＤＸの目的は、学校教育が良くなり、社会が良くなること**
●**一気に大きな変革をしようとせず、できることから進める**
●**ＤＸを通して大人も子どもも変化し続ける社会で必要なデジタル技術を身に付ける**

みんなを幸せにするデジタル化を

２０１６年に教職員が１人１台端末を持ち校務のペーパーレス化が進み、２０１７年からは生徒の１人１台端末を実現、その後もＩＣＴ教育に積極的に取り組み、コロナ禍ではいち早くオンライン授業を行った新陽高校。Google for Education 事例校の認定を受け、２０２４年には文部科学省のＤＸハイスクール（高等学校ＤＸ加速化推進事業）に採択されるなど、デジタル社会を生きる力を育む教育に取り組もうと邁進しています。デジタイゼーションやデジタライゼーションを担える教員が複数名揃っていて、それ以外の教員も比較的デジタルを使った業務に慣れている、ＤＸに向かっている組織という自負があります。

そんな新陽高校だからこその失敗談です。２０２２年度から導入した単位制カリキュラムは「生徒の数だけ学びがある」というコンセプトで、２・３年次になると生徒一人ひとりが自由に時間割を組むことができるのが特徴。しかしこのカリキュラムがコース別学年制の時から使ってきたクラウド型の校務支援システムで対応できないことが分かりました。前例もなく、システム開発を依頼しましたが間に合わず、対応策として教務部とシステム担当の教員が独自のシステムをつくりました。科目選択や履修登録、時間割表、通知表や指導要録、調査書など、それぞれスプレッドシートで発行できるようにしてくれたのです。

ただ、準備期間が十分に取れず、テストもチェックも足りないままシステムを走らせたため、多くのエラーが発生しました。結果、システムをつくった教員たちは修正に追われ、現場の教員は確認作業が増える、という事態となってしまいました。

この失敗は、アジャイル開発を行わず全校生徒のデータをいきなり本番の環境でつくったことで起きました。また、**デジタルが使えるあまりアナログを検討しなかった**ことも一因です。デジタルに慣れ過ぎてデジタルを使うことが前提となり、なんのためにデジタルにするかという基本を忘れた意思決定の悪い例として、自戒を込めて共有します。

8

人材を確保し育成する

多様な人材と多様な働き方

業務を行うのは人、学校においては教職員です。**社会が変われば、求められる教員の資質・能力が変わります**。ICTスキルやデジタルリテラシーは代表的な例ですし、多様な子どもたちに対応できる多様な専門性のニーズはますます高まっていると思います。**教育が変わり組織が変われば、組織が求める人材像そして個々人が目指したい人材像にも変化が起きます**。今後ますます、教員に求める資質・能力が多様化してくるのは間違いありません。

社会や組織の変化に合わせて、教職員の採用・育成・研修・評価などの仕組みもアップデートが必要です。特に、第3章（97頁）でも述べた「学習と業務を一体化し、リフレクションを次のアクションにつなげる」仕組みは、変化する社会において一層求められるようになります。

また、以前よりも働き方が選択できるようになったり、働きがいを感じる因子が金銭的な報酬だけでなく感情報酬によるものだったり、**価値観も多様化**しているので、経営者や評価を行う側のマインドセットも変えていかなければいけません。さらに、**挑戦や成長の機会の充実は多様な人材の確保につながる**ので、地域や公立私立の枠を超えた学校間人材交流、企業との連携など、積極的に取り組む学校が増えるでしょう。

令和6年8月27日中央教育審議会答申「『令和の日本型学校教育』を担う質の高い教師の確保のための環境整備に関する総合的な方策について」では、教師を取り巻く環境整備の基本的な方向性として、**学校における働き方改革の更なる加速化、教師の処遇改善、学校の指導・運営体制の充実**が挙げられています。こういった国の方策は、公立の学校だけでなく私立の学校にも大いに影響のある制度や予算に関わるものであり、政治・行政に関わる方々にはぜひ具現化に向けて尽力いただきたいです。校長は、各組織のリーダーとして国や自治体の動きにアンテナを張り、最新の情報をキャッチすることが求められます。

と同時に、政策や制度を待たずに学校現場でやれることは着手していきましょう。

●社会や組織が変化すれば、求められる教員像は変わる
●採用・育成・研修・評価の仕組みや管理職のマインドセットもアップデートが必要
●国が進める教職員を取り巻く環境整備の方向性を、学校現場においても意識する

南極探検隊の募集広告から見えるもの

公立学校では基本的に採用は学校ではなく教育委員会が行いますが、少なくとも私立において教員採用は経営における重要課題です。**学校が求める人材像をどう伝え、欲しい人材に届く採用活動ができるか、ミスマッチを防ぎ質の高い人材を確保する工夫が必要**です。

近年は、学校を卒業してすぐ教員になる人ばかりではなく、企業など異業種からの転職も増えています（逆に、教員を辞めて転職する人もいます）。新陽高校にも、企業で勤めていた経験を持つ教員が複数名いますが、実社会での経験を授業や生徒の進路支援に活かしたり、業務でスキルを発揮したり、組織の人材の多様性にも一役買ってくれています。

新陽高校では、以下のようなコピーを使って教員採用しています。伝説の求人広告として言い伝えられている南極探検隊の乗組員募集のコピーをオマージュしたもので、「至難の旅。わずかな報酬。極寒。」までは原文のまま。ネガティブな言葉ですが、その後に続く言葉とのギャップを印象づけるため変えないことにし、それに続いて、「挑戦し探究した暁にはかけがえのない経験と同志を得ることができる」と約束することで、**スクール・ミッションとビジョンを一緒に実現しようとしてくれる仲間を募集する**のがねらいです。

人数として多くはないものの、他校や他業種からこのコピーにビビっと来て応募してくださる方もいて、理念や価値観の共感度が高いと感じています。

EDUCATOR WANTED
求む教育者。
至難の旅。
わずかな報酬。
極寒。
挑戦の日々。
絶えざる探究。
安定の保証はない。
成功の暁にはかけがえのない経験と同志を得る。

2023-2024年 札幌新陽高校の教員募集コピーとビジュアル

9

広報はみんなで取り組む

アウターブランディングとインナーブランディング

業務改革の最後のテーマは広報です。広報とは、多様なステークホルダーとのコミュニケーションを通して良好な関係を築く活動です。**学校広報の対象は、学校に関わる全ての人**。児童生徒、保護者、卒業生、地域や連携企業・団体の方々など直接関わる人だけでなく、メディアや将来関わりが生まれる可能性がある人まで、広く捉える必要があります。

そのため、**教職員全員が広報を担う意識を持っておく**ことが大切です。

また**外部向けと校内向けの広報**があり、外部は**学校活動への理解や参加、協力や支援に**

つながるものと**生徒募集に関するもの**に分けられます。

生徒募集の広報戦略は経営的観点からも重要。母集団を増やす動員拡大と、受験・入学者数につなげる歩留まり改善をどう組み合わせるか、アドミッション・ポリシーや入試選抜方法と併せて戦略を立てます。

一方、**校内広報は内部のコミュニケーションを促進し、教職員のモチベーションや生徒のエンゲージメントを高める**ためのもの。効果が見えるまで時間はかかりますが、学校のブランド価値を向上するため校長が率先して取り組むべきだと考えています。

- **学校広報の対象は広く、全員で行う意識が必要**
- **入試広報は動員対策と歩留まり対策**
- **内部広報がブランド価値を向上させる**

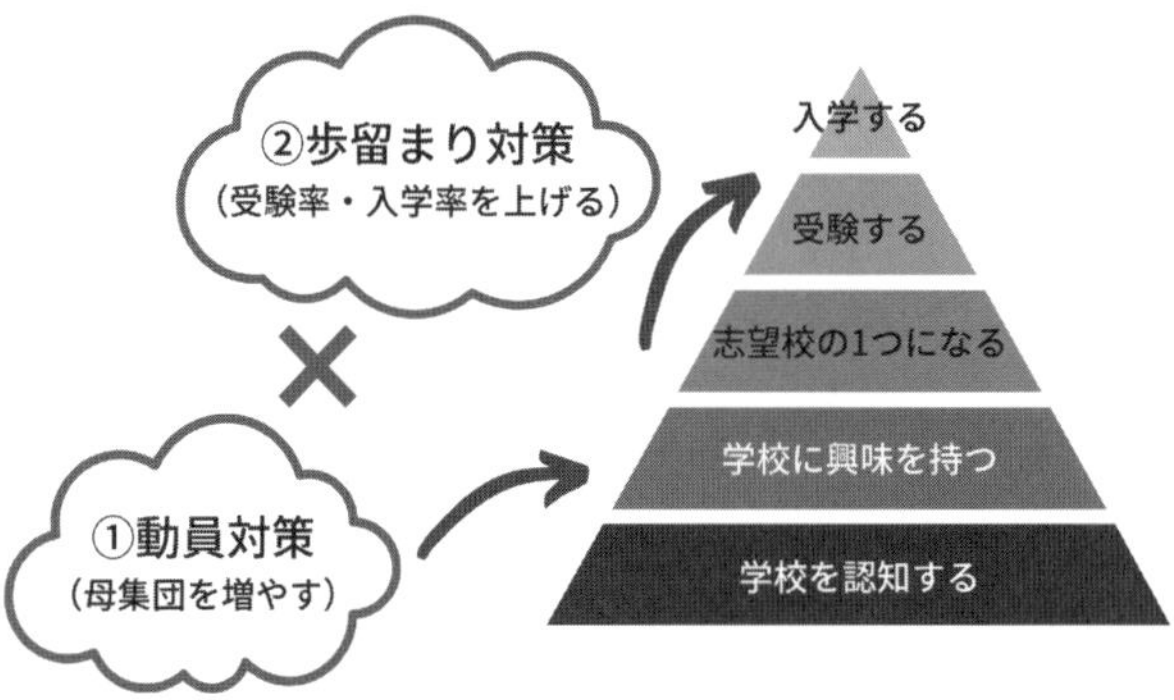

生徒募集を成功に導く広報戦略

生徒が参加する学校広報

2021年に新陽高校の生徒募集戦略を立てるにあたって、「受験生がオープンスクールなどに参加して教員や生徒に会うと学校の良さが分かってもらえる」一方で、**「そもそも受験生とその保護者に認知されていない」ことに大きな課題があると分かった**ので、SNSを活用した動員対策に力を入れることにしました。中高生がよく利用しているTikTokで学校の公式アカウントをつくり、若手の先生や生徒に動画を制作してもらいました。いくつかの動画をきっかけにフォロワーが急増し、翌年の入試イベントの参加者数は倍増。また、イベントでは生徒が受付や案内、プレゼンなどを担当し、中学生や保護者の方々をおもてなししました。結果、参加者の満足度も高く、入学者が増えました。

新陽高校には、部活動とは別に生徒が参加できるワーキンググループがあります。その一つ「新陽アンバサダー」は有志の生徒による学校広報チームです。TikTokなどSNSのコンテンツ制作や、入試イベントのスタッフを教員と一緒に務めます。

アンバサダー生徒が外部広報活動に参加することで、生徒の学校に対する理解や帰属意識が高まり、そこから中学生や保護者さらには地域や連携企業の方々にも学校の良さが伝わるという、**外部と内部のブランディングの好循環**が起き始めています。

リスクマネジメントにおける広報

最後に、いざという時の広報について触れておきます。災害や事故などトラブルが発生した際、生徒や保護者に説明したり関係者やメディアに情報を開示したりして、影響を最小限に抑えるのが危機管理広報です。文字情報での報告や説明会の開催のほか、記者会見を行う場合もあります。新陽高校の校長として様々な危機管理広報を行いました。

危機管理においては迅速かつ誠実な対応が不可欠であり、**起こり得るトラブルを想定しいざという時に誰が何をどうやって対応するのか役割分担を決めています**。また、トラブルに対して学校として早期の収束や再発防止に努めなければならないので、もし校長や広報担当者が不在でも対応できるように、テンプレートのほかメディア対応マニュアルやQ&Aのフォーマット等も共有しています。トラブルはないに越したことはありませんが、**ピンチをチャンスに変えるシステムをつくっておく**ことが大切だと思います。

第5章

「学び」を変える行動戦略

1

学びが変わる背景を理解する

変わるものと変わらないもの

学校における変革、最後のテーマは「学び」です。私は教育学の専門家でも教育現場での実践家でもないので、学びがどうあるべきかという話よりは、学びを変えていく時のマインドや方法を紹介し提案していきたいと思います。

とは言え、学びが変わることを前提に話を進めるには、その背景に触れておかなければいけません。**時代が変われば、求められる資質・能力が変わるのは当然のこと、ゆえに教育のあり方も変化する**、という話から始めようと思います。

ＯＥＣＤ（経済協力開発機構）では、２０１５年にEducation 2030プロジェクトを立ち上げ、２０３０年に向けて子どもたちに求められるコンピテンシーとそれを育むための学び方や指導法、学習評価について検討しました。２０１９年５月には「The OECD Learning Compass（学びの羅針盤）2030」を公表。**より良い未来を創造する主体としての生徒エージェンシー**という概念と、学びのフレームワークのコンセプトが示されました。

また日本においても、２０２２年６月に内閣府の総合科学技術・イノベーション会議で出された「Society 5.0の実現に向けた教育・人材育成に関する政策パッケージ」の中で、「Society 5.0の実現のために、学校教育には、次代を切り拓くイノベーションの源泉である創造性と『多様性』『公正や個人の尊厳』『多様な幸せ（well-being）』の価値が両立する**『持続可能な社会の創り手』**

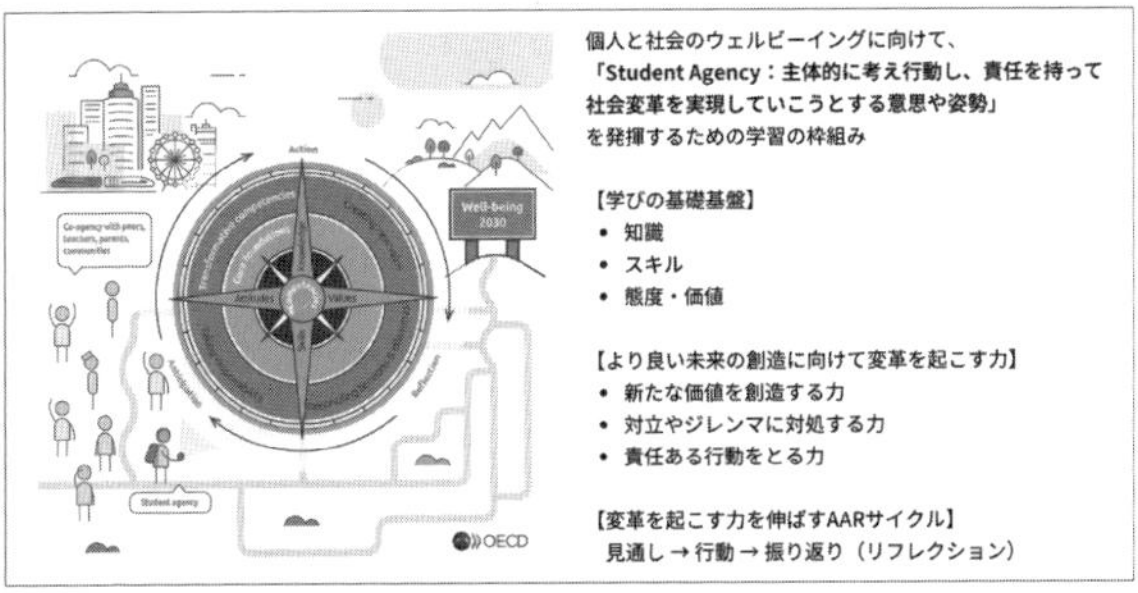

The OECD Learning Compass（学びの羅針盤）2030
（出典）https://www.oecd.org/en/data/tools/oecd-learning-compass-2030.html

を育むことが求められている」と、学びの転換の必要性が明確にされました。

こうした背景には、テクノロジーの急速な進歩やグローバル化、異常気象や人口動態の変動など、日本だけでなく世界の大きな変化があります。VUCA（Volatility［変動性］、Uncertainty［不確実性］、Complexity［複雑性］、Ambiguity［曖昧性］の頭文字）時代と言われるように、この変化は激しく、予測困難です。さらに、時代の変化とともに人生観や幸福感といった人の価値観も変化し、多様化しています。

一方で、古今東西変わらないものもあります。それは、**教育とは子ども一人ひとりの可能性を伸ばすためのもの**であるということ。**学びの主役は学習者**なのです。そして、**教師とは子どもの学びを一番近くで支える存在**であることも、学びや指導法が変わっても、変わらない大切なことだと思います。

- **社会が変われば教育は変わる**
- **社会構造も価値観も大きく変化している**
- **時代が変わっても、教育の本質は変わらない**

もっと学びは多様であっていい

私が今、学校現場で校長をしているのは、東日本大震災のあとの福島で教育復興プロジェクトに関わったことがきっかけです。誰も経験したことのない災害からの復興は、全く新しい生活や社会を創造することと等しく、子どもたちの学びを一から見直す**「福島県双葉郡教育復興ビジョン」**を具現化するのが私のミッションでした。そこで多くの学校の先生や子どもたちと出会ったことが、その後、教育に携わる原点となっています。

社会の変化に対して、学校教育が変わってきたスピードは遅いと感じ、多様な子どもたちのためにもっと学びが多様化し、選択肢が増えるべきだと思いました。同時に、学校の先生たちの子どもへの想いや、子どもを見守り見取る力の素晴らしさも知りました。

実は、ＯＥＣＤの生徒エージェンシーも、原点は東日本大震災です。OECD Education 2030は「子どもたちは自分の人生や世界を良くする意思と力を持っている」という前提に基づいていますが、福島で会った子どもたちはまさに、**人は生まれつき学びたいと思っていて、周りを良くしたいと願い、創造する力がある、**と教えてくれました。

2

学びを変える目的を体感する

「教わる」と「学ぶ」

近年、社会の変化とともに教育が変わるという文脈で、必ずと言っていいほど現れるのが、**教えから学びへ、受動的な学びから能動的な学びへ**、という視点ではないでしょうか。

かつて、学校は最新のことを知る場所でした。先生の話や教科書には、他では知れないことがたくさん含まれており、教材や器具も一般家庭で触れられないようなものがあったのです。また、これさえ知っておけば社会に出て役に立つ、といった知識やスキルが分かりやすく、学校で教えることが決めやすかったのではないかと思います。

「**学習学**」を提唱している本間正人先生は、アクティブ・ラーニングやコーチングの研究者であり実践者です。教育学は教える側に立ったもの、学校は教える側の都合で設計され過ぎたものになっていないか、と疑問をもち、学ぶ側に立った「学習学」を生み出しました。本間先生は、「**人間は生まれながらのアクティブラーナー。生きることは学ぶこと、学び続けること**」と仰っています。

学校教育を考える時、例えば高校なら3年間という、その校種に関わる期間だけを見てしまいがちですが、本来学びはつながっているもの。幼・小・中・高・大とつながる学び、さらには将来につながる学びの中での一部であると捉えた方がいいと思います。

本間先生は「**最新学習歴**」という言葉も提唱されています。人生の中で学校教育の占める時間は、実はわりと短い。さらに人生100年時代において、学び直し（リ

	古い教育観	これからの学習観
Who	先生中心	学習者中心
When	就学年齢 （一部、生涯教育もあり）	一生涯 （生まれてから死ぬまで全ての瞬間）
Where	学校、教室	全ての場所
What	教科中心	全てのこと
With What	紙の教科書	いろいろなもの
With Whom	先生と同級生	いろいろな人と、あるいは一人で
How	教科方式集合学習	いろいろな方法で
How Good	試験で評価・正解は一つ 学生の学習目標・ニーズは共通	内面的成長・正解は無数 多様性が前提・ニーズは様々

※本間正人『100年学習時代 はじめての「学習学」的生き方入門』（BOW&PARTNERS、2024年）p.77をもとに筆者作成

スキリング）や学びほぐし（アンラーニング）が必要とされる中、最終学歴という言葉に一体どれだけの意味があるのか、高校や大学卒業が学び終わりとなっていいのだろうか、というのが本間先生からの問題提起です。

教える教育から、子どもたち側に立った学びに発想を転換するためにも、教員自身が学び続ける存在としてその意味を考えてみませんか。

●受動的な学びから能動的な学びへ
●生きることは学ぶこと
●最終学歴より、最新学習歴の更新

学校教育の目的とは

教育に関心を持ち仕事の軸足を移してから、海外の教育現場への視察に行くことが多くなりました。訪問先で必ず聞くようにしているのが、「教育（公教育）の目的は何だと考えていますか」という質問です。

フィンランドでは「子どものWell-being（ウェルビーイング）」、オランダでは「グローバルシチズンシップ」や「自律と共生」、イギリスでは「納税者を育てる、つまり誰もが社会参加できるようになるため」とそれぞれ。でも共通しているのは、**学習者である子どもを主体とした目的が明確**であることでした（あくまでも私が会った先生たちの回答です）。

世界各国でも、教育の変化は起きています。そして、それは各地でバラバラに起きていることではなく、共通する課題を抱えながら連関している部分もあります。校長は、**学校のことや日本国内のことだけでなく、さらにマクロな視点も持っておく**べきです。

それには各国の動向に関心を持ちニュースや事例に触れ、変化や取り組みを体感できるといいと思います。実際に視察に行くのが難しくても、記事や動画などから知ることもできます。例えば「先生の学校」という教育系コミュニティでは、海外の特色ある教育現場に実際にスタッフが行き、視察レポートや現地の先生のインタビューなどを記事や動画にまとめ、発信しているのでおすすめです。

先生の学校

https://www.sensei-no-gakkou.com/

3

学習環境をデザインする

出会いと原体験

教育の変化、学びのあり方の変化に伴い、**学習環境のイノベーション**が求められている、と仰っているのが、東京大学大学院情報学環教授の山内祐平先生です。新たな学習のかたちを作り出すにはそのための学習環境が必要であり、**学校のみならず人が一生学び続けられるような環境をどう作り上げるか**が喫緊の課題[*1]だと。

ではどうすれば「学ぶ環境」をつくれるでしょうか。山内先生は、学習を「環境との相互作用の中で知識を構成することによって起こるもの」と捉える構成主義を理論的基盤として、**学ぶ環境を「空間」「人工物」「活動」「共同体」の４つの側面から捉えてデザイン**することを提唱されています。それぞれの側面は個別に存在するものではなく互いに有機的に関係し合うため、全体的な観点を持って設計することが大切、とも仰っています。

現在の学校において、この環境をデザインするのは主に教員ですが、教員は環境の一つの側面である「共同体」の要素でもあります。**誰と学ぶかは学習者にとって重要**で、子どもたちがどんな活動を誰とどのように行うかについて、もっと意図的に設計してもいいのでは、と思っています。ちなみに新陽高校で大切にしている「出会いと原体験」は、ヒトやモノ・コトとの出会いが生徒の考え方や価値観そして将来の夢を広げるという考えに基づきデザインしている学習環境と言えます。

さらに、学びが環境との関わりを通してあるものだと

空間 どんな場所・空間で学ぶか	**活動** どんな活動・経験から学ぶか
人工物 どんな道具や素材を用いて学ぶか	**共同体** どんな人とどんな関係性で学ぶか

相互に連関する「学習環境」の４側面

※山内祐平『学習環境のイノベーション』（東京大学出版会、2020年）をもとに筆者作成

すれば、学校だけが学習環境であるはずがありません。前述の本間先生が提唱している最新学習歴を更新し続ける如く一生学び続ける主体として、自分で学ぶ場を選び、学ぶ環境を自ら創っていけることが大事なのだと思います。

●「学習環境」として学校を考えてみる
●教員は学ぶ環境をデザインすると同時に、環境の一部でもある
●学校だけが学ぶ場所じゃない。学ぶ場を学習者自身が創る

「生徒の数だけ学びがある」（新陽高校・単位制とハウス制）

新陽高校では、2022年度の入学生から**単位制カリキュラム**を導入。「生徒の数だけ学びがある」をコンセプトに、生徒が**自分の学びを自分で選べる**システムを目指しています。もちろんこれも、スクール・ミッション、ビジョン、ポリシーに基づいています。

新陽高校の単位制は、言わば「学びのブッフェ」。1年次の時間割は入学時に決まっていますが、2年次以降は自分だけの時間割を自分でつくります。必履修科目は抑えつつ、選択科目の中から自分の興味関心や進路希望に合わせた授業を選んで時間割を組むことができます。特に、新陽高校にしかない「アウトドア探究」や「e-Sports 研究」「Google 演習」「澄川学」などの学校設定科目は、従来の学校の授業の枠を超えた場所やツール、出会う人との学びがあり生徒にも人気です。また、自分の生活スタイルや学びたいことに合わせて、一週間フルに授業で埋めることもできれば、空きコマや全休の日を設けることも可能。科目選択については、大学のような仕組みと考えてもらえれば良いかもしれません。

　このシステムは、新陽高校の多様な生徒には、「給食」や「定食」のように学校が決めた学びではなく、「ブッフェ」のように選べる選択肢があったほうが良い、と考えたことから生まれました。**自分で選んだほうがモチベーションも高くなり、学びへの意欲も続く**と考えたのです。また、科目選択に限らず様々な場面で、生徒が「自分で考えて、選び、行動する」というプロセスを組み込んでいます。そうした**経験を繰り返し、都度リフレクションすることで、自己選択・自己決定する力を伸ばしてもらいたい**と願っています。

　もちろん、みんなが最初から自己選択・自己決定できるわけではないので、生徒自身が何を選びたいのか内省し自己分析する機会を設け、教員はスキルやツールを提供したり、科目選択の際には、進路希望に合わせて取るべき科目やその生徒にお勧めの科目、あるいは「食べ合わせ」の悪い科目といったアドバイスを行ったりします。

また新陽高校では、5教科については学び方（コンパス）を選べます。学校は**学び方を学ぶ場所**であるという考えに基づいていて、「パイオニア」「クエスト」「アカデミア」の3種類のコンパスから、自分が一番学びに向かいやすい学び方を選択。なおこのコンパスは、2年次以降は科目によって変えることができます。

以上の、学ぶ内容や学び方、一緒に学ぶ人を選べる仕組みと両輪になっているのが**ハウス制**です。海外の高校などにある枠組みで、学校をいくつかのグループに分け、生徒はその一つに所属するというもの。コース制のようにそれぞれの特色やカリキュラムが異なるものではなく、あくまでも生徒が**帰属するコミュニティとして学校全体を小さなグループに分けたものがハウス**です。新陽高校には赤・青・黄・緑の4つのハウスがあり、ホームルームや学校行事はハウス単位で行い、また総合的な探究の時間や保健体育など授業によってはハウスを基準にクラスが分けられることもあります。

ハウスというホームベースがあることで**コミュニティでの振る舞い方や創り方を学び、仲間と協働したり切磋琢磨したりする力を身に付けるのがねらい**です。学年制の場合、学級が自分の居場所として固定されますが、単位制でハウス制だと複数のコミュニティに所属することになり、高校生として社会に出る前の練習になれば、とも考えています。

選ぶ学び、創る学び（フィンランド・Arkki）

子どもが創造的に学び続ける環境として、視察に行って以来いつかこういう場を創りたいとずっと考えているのが、フィンランドのヘルシンキに本部を置く**建築を通した学びの場を提供する非営利機関「Arkki」**。４歳から19歳という幅広い年齢向けに体系立った建築のカリキュラムを持つという点で、世界で唯一の存在とされています。

１９９３年に３人の建築家によって設立され、放課後に建築を教える場としてスタート。以来、フィンランドの義務教育課程における建築カリキュラムの考案と、より深く建築を学びたい子どもたちに対する課外教育を提供する機関として発展しました。Arkki の目的は、建築のノウハウを習得させることでも建築家を育てることでもありません。**建築を通して、子ども一人ひとりが自分を取り巻く環境に関して積極的かつ情緒的なつながりを形成すること、取り巻く環境をよく観察し判断できる目を養うこと**を目的としています。また、**建築と環境を通じて、社会的責任や審美眼、環境に関する深い見識を持った市民を育てること**を目指しているそうです。

放課後の時間帯で開催している建築クラスや、夏休みや冬休みに行う1日から1週間程度の体験型プログラム、幼稚園や学校向けのワークショップ、美術館や公共の場で行う一般向けイベントなど、提供する学びの場は多岐に渡りますが、基盤となる教育理念は、**子どもの探究心を土台とするPlay→Create→Succeedの循環**による学習。広く長期的な視野で、子どもの自主性、主体性を尊重する環境が整っていて、そこにいる子どもたちからは、ポジティブでクリエイティブな印象を受けました。

偶然性の出会い（福島県双葉郡富岡町・PinS）

もう一つ、学習環境として紹介したい事例があります。私もメンバーの一人であるNPO法人インビジブルが、福島県双葉郡富岡町立小中学校を舞台に2018年から実施してきた**「Professionals in School（プロフェッショナル転校生）」プロジェクト**です。アーティストや職人などクリエイティブな職種の「その道のプロ」が転校生に扮し、学校で子どもたちと一定期間、生活を共にしながら子どもたちのそばで創作活動をします。

このプロジェクトのコンセプトは「**教えない教育**」。設計・設定しすぎない環境でプロと子どもが関わり、偶然性が生まれる場であることを大切にしています。

当初、富岡町立小学校の先生から「滞在中にワークショップや講演をしてもらったほうがいいでしょうか」と相談されましたが、そういったことはしないようお願いしました。戸惑いながらもプロと子どもたちを見守り、やがて先生も一緒に「転校生」と関わっているうちに、予期せぬ成果が現れ、子どもの変化や成長が見られることが多々起きました。学習環境において、**デザインしすぎないデザインの可能性**を感じているプロジェクトです。

福島県双葉郡富岡町立小中学校「PinSプロジェクト」
～転校生である大工の親方と一緒にルールを作る子どもたち～

4

子どもの変化を捉える

見取りと関わり

しつこいようですが、学びの中心は学習者。学校は、子どものためのものです。学びという視点に立つと、これまで学校で伸ばそうとしていた学力や成績をつけるための評価基準よりももっと広い視野で**子どもの変化を見取ること、聴き取ること**が大切になってきます。**多様な生徒が、授業や学校生活で自分との対話や周囲の環境との関わりの中で学んでいく姿**に気付いて、価値付けられる教員がますます求められると思います。

教えよう、変化させようとして関わるのではなく子どもの主体性に委ねると、想定していたのとは違う反応が返ってきたり、予想していた以上の成長が起きたりします。でもそれを恐れずに、むしろ「そうきたか！」「そんなことまでできちゃうんだ！」と感動し、変化を楽しむくらいの余裕を持っていたいものです。

もちろん教えるという行為がなくなるわけではありません。また、これまでも教員が行ってきた、子ども同士をつなぐ、教材とつなぐ、すでに持っている知識と新しい知識をつなぐなど、**子どもたちの学びが深まるようにつなぐ**のが大事な役割であることにも変わりはありません。でも、関わり方や変化に対する捉え方は、時代の変化と共にアップデートする必要があると思います。

学びを変えようとするならまず教員が変わること。教員が変われば、児童生徒は変わります。

●子どもの学びを「見て」「聴いて」「つなぐ」
●予想を超えてくることは、想定内
●教員が変われば子どもは変わる

子どもが変われば大人が変わる

福島県双葉郡教育復興ビジョンから生まれた「ふるさと創造学」は、双葉郡8町村の学校で子どもたちが取り組む、地域のヒト・モノ・コトを題材にした探究的な学習活動の総称です。**自ら未来を切り拓く力とふるさとへの誇りを育む**という共通の目的を持ちながら、**各小中高校の特色や地域のリソースを活かした学び**を創り出そうと、2014年に始まりました。

その各校の学びの成果を伝え合う場として生まれたのが「**ふるさと創造学サミット**」。まずは最初の年、お互いに学習の成果を発表すること、そして各地に避難している双葉郡8町村の子どもたちが一堂に会することを目的に開催。他校の児童生徒や教職員が見守る前で、小学生も中学生も立派にプレゼンテーションやパフォーマンスを披露しました。

翌年からは交流や学び合いに重点を置き、「学校（一校）ではできない体験」の場を目指して、ポスターセッション形式のサミットを実施することになったのですが、各小中学校の先生の反応は割れました。子どもの成果発表や挑戦の機会として捉えてくれた先生たちがいた一方で、多くの先生は「そんなことが本当にできるのか」疑問と不安でいっぱいという感じでした。サミットでは、地域と学校種を超えた子ども同士が交流するだけでなく、保護者や地域の方々さらには復興に関わる様々な大人も来場するので、子どもが準備した通りに発表できなかったら、もし質問されて答えられなかったらと、先生たちの心配は尽きませんでした。「中学生や大人と学び合いなんてできるわけがない」と仰っていた小学校の先生もいました。

迎えた当日、予想以上の来場者で混雑した会場の中で、8町村の子どもたちは堂々と成果を発表し、双方向のコミュニケーションが生まれ、世代を超えた学びの交流を楽しんでいるように見えました。そして、**それを見て変わったのは先生たち**です。サミットに手応えと可能性を感じ、それ以降、もっとこうしたほうが交流できるのではというアイデアや、学び合いが起きるためにはここまで準備してその先は子どもたちの力に任せてみよう、といった意見も出てくるようになりました。

私自身はその後2016年までサミットの運営に関わり、2019年までは参加者として福島に足を運びましたが、各校の子どもたちの探究的な学びもサミットでの学び合いも、年々質が高まっていったように感じました。

5

越境を応援する

挑戦と未成功

学びが変化する現場において、**教員は「学びのプロ」として生徒と共に学ぶ存在**でいてほしいと思っています。以前、新陽高校でソーシャル・アントレプレナーシップ（社会起業家精神）をカリキュラムの中に置こうとした時、「教えたことがないから不安」という意見が出ました。その気持ちも分からないではないのですが、その意見の前提にはおそらく、授業では知っていることを教える、教員が知らないと授業ができない、という考え方があったのでしょう。でも**学校は、学び方を学ぶところ**です。教員の役割は、知識や技術を教えることだけではなく、学び方を教えたり一緒に学んだりすることではないでしょうか。最新学習歴を提唱している本間先生は、新しい概念を分かりやすい言葉で表現するのがとても上手です。中でも私が好きな言葉が「未成功」。

失敗を恐れない、とか、失敗は成功のもと、などと言いますが、そもそも日本語の「失敗」という言葉にはなんとなくネガティブなニュアンスが含まれていて、できれば失敗したくないと思ってしまうもの。

一方、**未成功とは、文字通り、未だ成功していない状態**のことです。目標に向けて挑戦し続ける限り、上手くいかなくてもそれは失敗ではなく、まだ成功していないだけ。だから可能性を信じて挑戦をやめず、ある時点では結果に結び付かなかったとしても上手くいかなかった原因を分析し、改良を加え、経験を積み重ねていけばいいのです。**学校の先生たちには、あきらめずに挑戦し続け、その姿を子どもたちに見せてもらいたい**と思います。

そして校長は、その挑戦を応援する最大の理解者であるべきです。

なお挑戦とは、もともとは「戦いを挑むこと」という言葉ですが現代では、「成し遂げるのが難しいことに取り組むこと」「未知の分野や領域に飛び込むこと」といった意味で使われます。ちなみに挑戦の反意語は失敗ではなく、「挑戦しなかったこと」です。

この、挑戦しない状態を、コンフォートゾーンに留まり続ける、と言います。コンフォートゾーンとは、心理学の用語で安心領域のこと。自分が慣れ親しんでストレスを感じない場所や関係性あるいは精神状態を指し、人が生きていく上で必要です。でも、そこから抜け出さなければ変化はありません。不安や恐れがあっても、挑戦を積み重ねて一歩ずつ前に進んでいけば新しい学びや成長につながり、やがてその環境が自分にとってのコンフォートゾーンに変わっていきます。**安心できる領域が広がると、さらなる挑戦への自信や勇気が湧く**のです。

- **教えるプロより、学びのプロになる**
- **挑戦の反意語は失敗じゃない**
- **コンフォートゾーンを抜け出して、広げる**

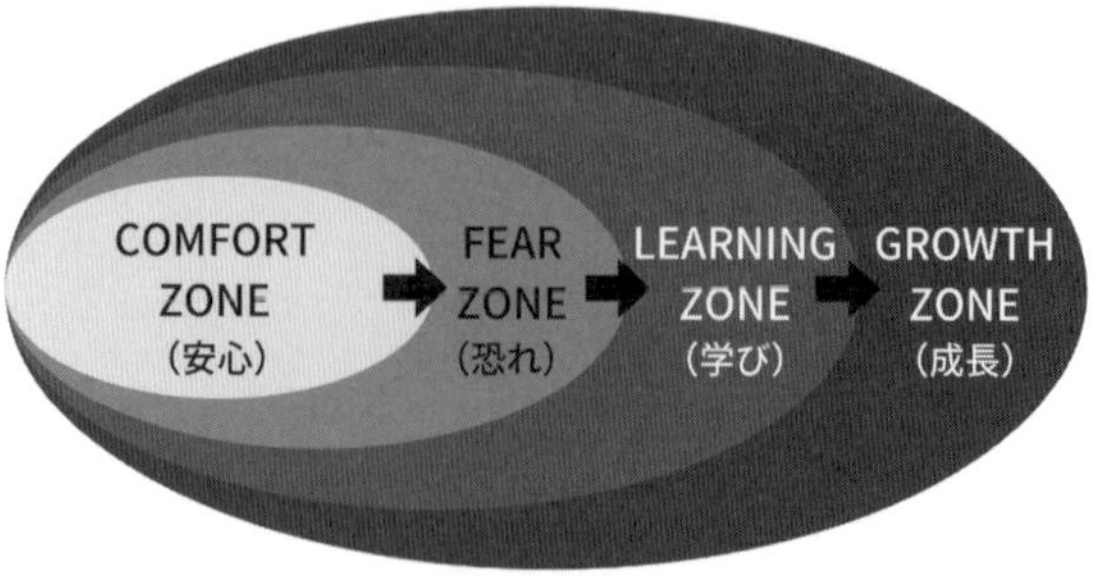

コンフォートゾーンを広げる（Learning Zone Model）

他流試合や越境に挑もう

校長をしながら、各地の学校や教育委員会のアドバイザーを務めていますが、時々相談されるのが、学校間交流や教員派遣のコーディネートです。地域も文化も異なる学校の先生同士の交流は互いに刺激し合い満足度も高いので、お手伝いできて良かったと毎回思います。また、派遣先で授業した先生からは、緊張とプレッシャーはあれど実施した後の成長は大きく、**コンフォートゾーンが広がる体験**になったと喜んでいただきました。もっと**地域や公私を超えた学校間の「交換留職」が進むといい**のではないか、と思っています。

なお、新陽高校のウェブサイトの教員紹介・採用ページのコピーは、「先生のやりがいは、生徒の成長だけじゃない」。休職してJICA青年海外協力隊に参加した先生、働きながら教職大学院やビジネススクールに通う先生、休みをとってヒマラヤ登頂した先生や、退職して海外の大学院へ留学した先生もいます。「本気で挑戦する人の母校」というスローガンが生徒だけではなく教員の背中も押し、越境体験を奨励するカルチャーになっているのは嬉しいことです。

6

校長自ら学び続ける

好奇心とアンラーニング

挑戦し学習し成長するのは教員だけではありません。**学ぶ場である学校のリーダーとして、校長は誰よりも学び続ける存在**でありたい、と思っています。いつまでも好奇心旺盛に、想像力豊かでいたほうが人生は楽しいと思うからです。

そしてリーダーこそ、学習（ラーニング）だけでなく**アンラーニング**していきたいものです。アンラーニングとは、学習棄却や学びほぐしと訳されますが、決して過去を否定しているものではありません。むしろこれまで学んできた知識や身に付けた価値観を基盤に、それらを見直し、新たに学習し直すことです。

近年、リスキリングやアップスキリングという言葉もよく耳にします。ただ、これらはどちらかというと教育界よりはビジネス界で、社会の急激な変化に伴い必要な人材を求める企業側からのニーズに基づき広がっているような気がします。

下図は、世界経済フォーラムの「仕事の未来レポート２０２３」で労働者に重要と予想されているスキルです。上位は**分析的思考**と**創造的思考**、そして**レジリエンス・柔軟性と機敏性**。続いて**モチベーションと自己認識**、**好奇心と生涯学習**となっています。

これらのスキル、自分には当てはまるでしょうか。子どもたちはこのようなスキルが身に付いていくと思いますか。

校長は、こういった企業のニーズや社会の変化も

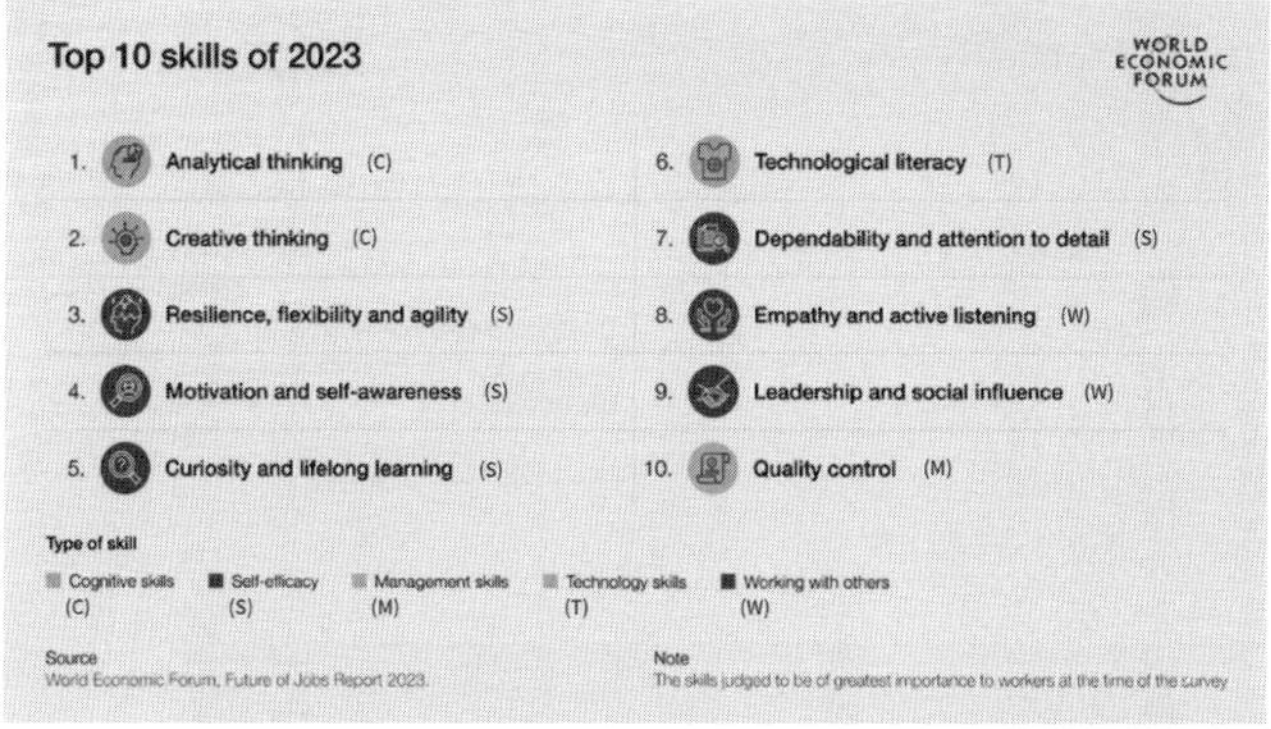

※World Economic Forum『The Future of Jobs Report 2023』の Infographics に筆者加工

捉えながら、**人生100年時代に自分が学び変わり続ける喜び**を感じ、学んだ経験をシェアしたり、その姿を教職員や生徒たちに見てもらったりするといいと思います。

とは言え、自分が学んだことを唯一解であるかのように周りに押し付けてはいけません。**校長自らが探究者として、謙虚に貪欲に、教員や生徒と共に学ぶ**、その姿勢こそが学校の学びが変わる一番の秘訣のような気がします。

- **校長が誰よりも学び手でいることを楽しむ**
- **校長自ら学び、挑戦する姿を見せる**
- **校長が学んだことを押し付けない**

校長が考える学校は、子どもも考える

最近、何か「学んだ」ことはありますか。一番直近で「学ぶ」場に身を置いたのはいつでしょうか。スクールに通ったり特定のことを勉強したりするだけが学びではありません。

学ぶ意欲と姿勢さえあれば、いつでもどこでも人は学べます。そして人は**いくつになっても変われるし成長できる**と思っています。

最後に、２０２０年3月まで立命館慶祥中学校・高等学校の校長を務められていた久野信之先生から、私が新陽高校の校長になることが決まったと報告した際にいただいたメッセージを紹介します。校長になってから時々この言葉を思い出しては、自分のことを見返してみるようにしています。

校長が楽しい学校は、生徒も楽しい。
校長が学ぶ学校は、生徒も学ぶ。
校長がチャレンジする学校は、生徒もチャレンジする。
そして校長が「考える」学校は、そこに学ぶ生徒も「考える」人間になると思います。
だから、臆せず、悩み、考え、チャレンジして一歩を進めてください。
応援しています。

【注】＊1　山内祐平『学習環境のイノベーション』東京大学出版会、２０２０年

第6章

校長2年目からの行動戦略

1

慣れすぎない

初心と一期一会

校長になってしばらく経った頃、気付いたことがあります。学園ドラマを見ていると、毎週何かが起こりますよね。昔はそれを見て「そんなに都合よく起こるわけない」と思っていましたが、校長になって思ったのは「毎週どころか毎日のようにドラマがあるのが学校。しかも一話完結ではなく、同時多発的に起こり続ける」ということです。

校長になった当初はそのことに都度驚いていたように思います。でも似たようなことを繰り返し経験し、学校とはこういうものだと聞いているうちに、慣れてきた自分がいます。

慣れは悪いことではありません。むしろ、**物事に慣れる**ことで冷静に対応できるようになったり意思決定のスピードが速くなったり、習熟や熟達は行為の質も効率も向上させます。また、**環境に慣れる**ことも良いことです。安心して行動し発言できるようになればパフォーマンスも上がります。ただし、慣れすぎたら注意が必要。大事なことを見過ごしたり視野が狭くなったりしないように、**適度な緊張感と新しい視点**を持つように意識することが大切です。

室町時代の能役者で能作者である世阿弥の有名な言葉とされている「初心忘るべからず」、実は「是非の初心忘るべからず。時々の初心忘るべからず。老後の初心忘るべからず。」という3つの文からなっています。

始めた時の新鮮な気持ちや熱意を忘れてはならないという意味で使われることが多いと思いますが、もともとは、判断基準となる未熟な芸を忘れないこと、その年齢に相応しい芸もその段階では初心者であり未熟さがあるので一つ一つ忘れないこと、老年になって初めて行う芸もありいつまで経ってもこれでいいとか完成したということはないこと、を説いています。**自分の未熟さを忘れるな、どの初心も忘れず芸の向上に励め、という教え**だそうです。

もう一つ、慣れすぎてはいけない、と思う理由があります。それは、学校ではよく起こること、先生たちにとっては慣れたことだとしても、その子どもにとっては一度きりの経験だからです。良いことも悪いことも、子どもの言動にはその背景があります。大人が慣れていることで冷静に受け止め平等な対応ができるというメリットはありますが、同じように対応することだけが正しいとは限りません。

千利休の言葉として伝わる「一期一会」とは、一生に一度だけの出会いという意味ですが、そこには、どの茶会であっても**一生に一度のものと思って誠心誠意を尽くせ、という心得**が込められているのだそうです。生徒や卒業生と話をしていると、高校時代の出来事や出会いが彼らに大きく影響しているのを実感し、一人ひとりの人生の一瞬一瞬に関わっている者としての責任と幸せを感じます。

- **慣れることは習熟すること**
- **慣れすぎていると思ったら、初心を思い返す**
- **学校でよく起こることだとしても、その子どもにとっては一度きりのこと**

「校長っぽくなってきましたね」

学校で問題が起こると、生徒に事情を聞いて保護者とも話をし、職員会議を経て特別指導を行う場合があります。校長は生徒に「申し渡し」を行うのですが、その正解はありません。文部科学省が定めた生徒指導提要や学校の生徒指導ガイドラインはありますが、何をどう話すかは校長に委ねられていますし、生徒の事情や性格を踏まえて話すのも当然のこと。

とは言え、学校で勤めたことのない私は申し渡しの場に立ち会ったこともなく、初回の申し渡しの前に、生徒指導部長の先生に「どうしたらいい？」と相談しました。「赤司さんらしくでいいですよ。校長と生徒ではなく、**人と人として聞きたいことや伝えたいことを話してくれたらいい**です」と言ってくれたのでそうしました。

以来ずっとそのスタンスを貫いてきたつもりですが、２年目のある日、申し渡しの後に「校長っぽくなってきましたね」と言われました。半分は校長らしく安定してきたという褒め言葉、でも半分は私らしさが消えているという苦言として受け取り、今も時々**「校長っぽくなりすぎてないか」と自問自答**しています。

2

焦らない

結果とプロセス

改革を進めていると、変わらないことや結果が出ないことに不安を感じてしまう時があると思います。リーダーとして成果を求められたり、周りから期待され注目されるような学校だったりしたら尚更です。

でも**「組織」も「業務」も、まして「学び」は、変わるのにとても時間がかかる**もの。そして、その変化は少しずつ起こるので目に見えづらいものです。だから焦らず慌てず、冷静でいましょう。焦っていいことは何もありません。また、焦っているリーダーに任せたい人などいません。みんなが焦っている時こそ、**リーダーはポジティブな思考とポジティブな態度で、ビジョンが実現した世界がいかに魅力的かを伝え続ける**ことが大切だと思います。校長は「まぁ、なんとかなるよ」と楽観的なくらいでいいのではないかと思っています。スポーツや勉強でもよく言われるように、結果が出ない焦りに振り回されないメンタルが、目標を達成するためには必要なのです。

また、リーダーとして結果を求めることも大事ですが、ビジョンに向けて進んでいる時、その過程にこそ意味があります。でも、そのプロセスの価値は渦中にいると気付きづらいもの。そんな時に**客観的な視点があれば、目的に向かって少しずつでも確実に前に進んでいることに気付く**ことができます。だから、自分たちの取り組みをやや離れた場所から、持続的に見守ってくれる人の存在はとても貴重です。

●変化は見えづらいもの、時間がかかるもの
●リーダーはポジティブなほうがいい
●中から外と比べない。外から中を見てもらう

校長ブログ『週刊新陽〜校長室から』

２０２１年4月1日、校長としての生活が始まった日から、メディアプラットフォームnoteで『週刊新陽〜校長室から』と名付けた投稿を始めました。

企業や団体の広報を専門としている友人から、校長日誌を書くといいと勧められたのがきっかけです。**学校の中のことは知られていない、でも興味がある人は少なくない、外から中に入る私だから発信できることがある**はず、とのアドバイスでした。ただ、小さい頃から何かを続けることがあまり得意ではない性格のため毎日書くのはハードルが高く、週に一度くらいであれば続くだろう……と考えて週刊にしました。ちなみに、マガジンの説明文には「札幌新陽高校の校長による（ほぼ）週刊レポートです。」とあり、始めた当時の続ける自信のなさが現れています。

それでも3年半、ほぼ毎週書き続けることができ、２０２４年9月末時点で１７８号まで来ました。当初は、続けられるかという不安と同じくらい、そんなに毎週書くことがあるだろうかと思っていましたが、実際には学校にはネタがたくさん転がっていて、週に一つの記事にまとめたりテーマを絞ったりするのにむしろ苦労する日々です。

続けてみて分かったことがあります。それは、**記録することの大切さ**です。実は、『週刊新陽』を始めたもう一つの理由は、「学習する学校」づくりに一緒に取り組んでいただいている熊平さんからのアドバイスにあります。

新しいことに取り組む組織は常に課題と向き合うことになる、すると目の前の課題の大きさや取り組めていないことにばかり目が行き、まるで何も進んでいないような焦りを感じてしまう、昔のことはみんな忘れてしまうから。でも実はすごく前に進んでいるので、**取り組む前の状況をしっかりアーカイブしておくことが大事であり、リーダーはそれをみんなに伝える責任がある**、と。

実際、新陽高校の取り組みは多岐に渡り、そして一つ一つの行事やちょっとした日常の中にその変化は現れています。たいていのことは『週刊新陽』に書いてあるので、こんなことがあったな、とか、この時こんなことを考えていたのだな、と思い出すことができます。毎週ただそこにあることを書き残してきたつもりでも、それは確かな新陽高校の軌跡となっているのです。もし私が校長ブログを書いていなかったら、この本も書けていなかったと思います。

3

あきらめない

聴くことと伝えること

校長になってから、何度も壁にぶつかり荒波に揉まれながら、コトについては「焦らない、焦らない」と自分に言い聞かせてきました。一方、ヒトに関しても思い続けてきたことがあります。それが、あきらめないことです。

福島の元校長先生に「子どもは裏切るものだよ。100回のうち98回裏切られると思っておくくらいでちょうどいい」とアドバイスいただいたことがありました。その時はそんなに裏切られるのかと思ってしまいましたが、今では、**あきらめずに子どもを信じ尽くす**、という意味だと分かります。そもそも勝手に期待したことで裏切られたと思うのであって、それと違うからといってそこで信じるのをやめるのは勝手な話です。

また、私が「子どもを信じる」と思えるようになったのは、現場の先生たちを信じているからです。学校では、多くのことが校長決裁によって決まります。つまり校長は全ての責任を取る立場にあるわけですが、生徒に関することを決めなければいけない時、先生たちから話を聞き、その考えをもとに判断します。信じていない人たちからの情報を元にした決断で、責任を取れるわけがありません。

でもこの信頼は、最初から無条件にあるわけではなく、**教職員とお互いに信頼関係を築くために、徹底的にコミュニケーションを取るしかない**と思っています。自分の考えを伝えることも、相手の考えを聞くことも、決して妥協してはならない。それが私の信念です。

●子どもを信じる
●仲間を信じる
●自分を信じる

あきらめなければ対話して前に進むことができる、と自信が持てるようになった経験がありま す。それが、序章で書いた「校則見直し」（16頁〜）に関する一連の出来事です。

この校則を見直すプロセスの途中で議論が棚上げになりそうになったり、できない理由が並んで振り出しに戻りそうになったりした時がありました。でもそんな時はいつも、**ある文章を支えに、「自分の目指す方向をぶらさず、生徒と教職員を信じて対話し続けること」**を心がけました。

時代が変わっても変わらない「教育のあり方」

私の母校である女子学院中学校・高等学校には、制服や細かい校則がありません。服装が自由化されたのは1972年。制度としての服装規定を廃止する方針について、当時の大島孝一院長が保護者に宛てた所信が残っており、その中に次のような文章があります。

あるいは、人によっては思い切って派手な服装をしてくることもあるかも知れません。そして、ある種の流行になるという心配もあります。しかし、そのような浮いた空気があるとするならば、すでにこの学校の教育に何か大きな欠陥があることを示すに過ぎません。そのときは、服装よりも教育のありかたそのものを反省すべきであって、またそれに耐えられなくなって服装にうき身をやつす生徒の弱さは、別に解決すべきだと思います。*1

教育に関わるようになって、自分の母校の資料に目を通していたときに偶然見つけたこの文章。全て「自主性を育て個人の尊厳を重んずる」という学校の教育方針を基準として制度がつくられたことや、50年前にこんなふうに考えて保護者に伝えていた教育者がいたことに衝撃を受けると同時に、**教育の本質は昔も今も変わらない**と感じました。

さらに大島先生が書かれた本には、そこに至る教師の討議やその後の生徒の反応についても残されています。**教師主導で進めた「自由化」の責任は教師たちにあり、向き合い続けなければいけない**と述べられており、それはそのまま自分に向けられた言葉かのようでした。新陽高校で校則の見直しや単位制の導入を経て、個性の発揮と相互尊重を実践しようとする生徒たちがいる一方で、自由と勝手をはき違えたりTPOをわきまえられなかったりする生徒もいて、結局は教育のあり方を問い続けていくしかない、と痛感しています。

4

止まらない

ビジョンに向けた軌道修正とリーダーの継承

今現在、あるいは近い将来に、「何の変革にも取り組まない学校」はほとんどないと思います。変化の激しい予測困難な社会において、多くの学校が大なり小なり変わっていくのは必然です。つまり**学校で取り組む変革とは継続的なもの**であり、何か大きなプロジェクトのように始まりと終わりがあるものではないということです。

そして変革し続けるということは、**解決すべき課題が更新され続ける**ということ。そのためにも取り組みを振り返る対話を行い、課題を再設定して新たな取り組みに着手し、また振り返る、というサイクルを回し続けることができる組織が求められます。ビジョンとアクションプランのアップデートは、リーダーの重要な仕事の一つです。

さらに、ある意味いちばん重要な仕事は、次のリーダーに上手くバトンを渡すこと。**教育とは本来安定的に持続可能であるべきで、学校を維持しながら前進し続けられるかどうかはリーダーの交代にかかっている**と言っても過言ではありません。しかし企業と違って、学校という組織ではリーダー自身が後継者を育てたり見つけたりすることは稀です。

だからこそ校長は、自分の退任を常にどこかで意識していなければならないと思います。いつ誰に引き継いでも教職員や児童生徒が大きく混乱しなくて済むように、学校が目指す大きな方向性としてのビジョンに込められた想いを、日頃からミドルリーダーと共有し、そして後継者にしっかりと引き継ぐことが大切です。

- **変革はずっと続いていくもの**
- **リフレクションを繰り返し、課題を更新する**
- **ビジョンに込められた想いのバトンを引き継ぐ**

ときには休むことも大切

ビジョンに向けて歩みを止めないために学校をどのような状態にして去るか、これは全国のスクールリーダーに与えられた課題だと思います。

2021年4月1日に新陽高校の校長に着任した日から、自分がどのように去るかを考えています。事業再生プロジェクトや震災復興に携わった経験も影響して、自分がいなくなった後、**どうすれば組織が自走するのか**を考える癖がついているせいかもしれません。

全国の学校改革の事例で、良いリーダーがいる間は良かったのに、そのリーダーがいなくなったら元に戻ってしまった、という話も聞きます。校長は、公立の学校では2〜3年で異動することが一般的ですが、自分が在籍する間にどれだけ自分の色を出すかに注力するのではなく、カリスマリーダーでなくても機能する組織をつくることに尽力するべきではないでしょうか。

大事なのは、**学校をいかにチームにするか**。絶対的なエースがいないほうがむしろ、自発的な動きがたくさん生まれる面白い学校になる可能性があると思っています。

一方で、歩み続けるためには時々立ち止まること、あるいは進むスピードを緩めることも必要だと感じた場面が、これまで何度かありました。

2022年2月、新型コロナウイルス感染症の第6波が収まらず、新陽高校でも感染拡大防止策としてオンラインで授業していた時のことです。登校や出勤を最小限にしていたにも関わらず一部の生徒と教職員で感染が広がり、オンライン授業の延長と教員の在宅勤務を決定。そんな中、職員の対話の場「中つ火を囲む会」を実施する日を迎えましたが、収束する見込みのないコロナへの不安、生徒や同僚と会えない寂しさ、オンライン授業やイレギュラーな業務が発生していることからくる疲労などがみんなを襲っているのは明らかで、私自身なんとも言えない落ち着かない気分でした。

そのことを、リモートでファシリテーターを務めてくださる予定だった熊平さんに話すと、**そういう時は無理して課題に向き合ってもいいことはない**、とのアドバイス。そこで「今日はテーマもゴールも設けず雑談しよう」と決めました。それぞれ家からオンライン会議システムでつながり、ブレイクアウトで少人数に分かれてお喋りし、全体に戻ってきた時の表情は、最初に集まった時よりもみんな緩んでいました。**息は吐かなきゃ吸えない**、これも「中つ火を囲む会」で実感した教訓です。

5

校長室にいない

オープンマインドと距離感

校長の行動とマインドとして、最後に提案したいのが「校長室を出る」ことです。

子どもの様子を見に教室に行く、施設の点検をしながら校内を歩く、地域の催しや外部の会議のために外出する、などを除けば、校長は校長室にいることが多いのではないでしょうか。話をしたい時、自分から行かずに校長室に呼んでいませんか。一週間のうちどのくらい校長室にいて、校長室で何をしていますか。

企業のトップをされている知り合いの中には、役員室にいないでスタッフのところに行っては声をかける方や、各部署のフロアの一角で仕事をしているという社長もいます。彼らは**コミュニケーションを大事にし、現場に近いところで観察し、仕事の状況を確認したりタイミングを見計らって指示を出したりする**タイプのリーダーです。こういうリーダーがいる企業は風通しが良く、業績も良く、働いている人の満足度も高いように感じます。

クリエイティブディレクターの佐藤可士和さんは、**社内の打ち合わせはなるべくやらない**そうです。著書*2の中で、「打ち合わせ」はビジネスの「要」である、と書かれていますが、それはクライアントや社外スタッフとの話。一方、社内では、日頃から密なコミュニケーションをしていれば打ち合わせは不要というのです。コミュニケーション不足にならないために、オープンマインドで接することと、いつでもウェルカムな姿勢でいることを心がけているそうです。

この、リーダーのマインドがとても重要。自分から歩み寄って話しかけ相手の話を聞くことで、事前に危機を回避できたり、新しくて面白いアイデアが生まれたりするからです。あらたまった会議で言うほどではないし、わざわざ校長に相談するほどでも、と教職員から共有されずにいることが実はあるような気がします。でもそういうところに**改革や創造のヒントは隠れているもの**。校長室で報告が来るのを待つのではなく、自分から現場に近づいていくと良いことがあるはずです。

また、自分が思っている以上に生徒や教職員にとって校長は大きな存在です。発言する際は、決定した「指示」なのか、検討の余地がある「提案」なのか、校務をつかさどる校長としての言葉なのか、個人の見解なのか、はっきりさせましょう。〇〇のつもり、分かっているはず、が一番あぶないのです。

●日頃のコミュニケーションが全て
●リーダーは報告を待つのではなく、自分から情報を取りに行く
●「校長」であることを忘れない

にぎやかな職員室

新陽高校の職員室がフリーアドレスであることは第2章（45頁）で触れましたが、私が学校で仕事をする時は基本的に、職員室の空いている席に座っています。もちろん、来客の対応や大事な話をする時は校長室を使います。

職員室で、教員の動きや表情を見ているような見ていないような、会話を聞いているような聞いていないような感じでいると、学校全体のコンディションが分かります。近くにいるので「ちょっといいですか」と声をかけられることも多く情報が入ってきやすいですし、私が誰かと話したり電話したりしているのを他の教員が聞いて「勉強になった」と言ってくれることもあります。関係性や私のキャラクターもあるとは思いますが概ね好評なので、ぜひ全国の校長先生に試していただきたいです。

年間50以上の視察を受け入れている新陽高校ですが、必ずと言っていいほど驚かれるのが、**校長が職員室で仕事をしていることと、職員室がにぎやかなこと**。にぎやかさについては、自分が他の学校の職員室を訪問すると静かで驚くほどです。生徒や授業のこと、行事に関する打ち合わせや雑談など内容は様々ですが、いつも誰かと誰かが喋っています。でもこれは異常なことではなく、常に新たな改革に取り組む組織においては、こうやってコミュニケーションを積み重ねることは必然だと思います。スピード感をもって物事を進めるためには、**フォーマルな会議を一度設定するより、立ち話でも小さな打ち合わせを何度もするほうがいい**。これも、職員室にいながら実感していることです。

【注】

＊1　大島孝一『自己確認の旅』新教出版社、1980年

＊2　佐藤可士和『佐藤可士和の打ち合わせ』ダイヤモンド社、2014年

あとがき

この本の原稿を書き終える少し前の9月30日、新陽高校の3年生の生徒が急逝しました。野球が大好きで成績優秀、ひょうきんな性格でムードメーカーの彼の夢は、大学進学して、いつか留学もして、プロの野球選手になること。6月に病気が見つかり、入院してからもオンラインで授業に参加し、同級生と一緒に卒業すると頑張っていました。かなり辛い治療だったはずですが、オンラインでつないだり電話で話したりすると元気そうな様子を見せてくれて、彼なら必ず完治して戻ってくるとみんな信じて待っていました。

9月末、容体が急変したとお父様から電話をいただきました。実は、病気が分かった時もご連絡いただいたのですが、後から聞いたところによると彼が「校長先生と仲良しだから、直接連絡して大丈夫だよ！」と言ったそうです。大丈夫ってなにが（笑）とツッコむことも、そんなふうに思ってもらって校長冥利に尽きると感謝を伝えることもできないまま彼を見送ることになってしまったのは、到底受け入れがたい現実でした。同時に、仲間を亡くした生徒たちの悲しみや、私よりもっと彼の近くにいた先生たちの心痛は察するに余りあり、校長としても本当に苦しい経験となりました。

学校は、子どもたちが未来を生きたいように生きるために様々なことを学ぶ場所であり、同時に子どもたちが今を過ごす場所です。その学校のリーダーである校長は、子ども一人ひとりの人生に嬉しい時も悲しい時も関わっていることを、あらためて強く感じる経験でもありました。

校長とはどうあるべきか、学校のリーダーとして何が正解なのか。これまでのキャリアで、これだけの規模の組織全体の責任を負う立場でのリーダーを務めるのは初めてなので、自分なりのリーダー像をずっと模索しています。生徒と関わり、いろいろな場面に遭遇し、そして様々に決断を迫られる日々は、常に迷いの連続です。それでも、少しだけ分かってきたことがあります。

まず、自分でリーダーになるのではない、**周りが自分をリーダーにしてくれる**ということ。今の私なりの校長像は新陽高校のメンバーとの中で形作られてきたものであり、この関係性の中で機能するスタイルだと思っています。

それから、**信念は変わらないが持論は変わり続ける**ということ。私が教育の世界に身を置こうと思ったのは福島での教育復興プロジェクトがきっかけで、その時からずっと私のライフミッションは「学びの多様化」です。一方、リーダーとしてのマインドやスキル、あるいは子どもと関わる大人として大切にしている価値観などは少しずつ変化し、持論も変化している気がします。そもそも持論とは経験によって形成されるものなので、変わっていくのは当然とも言えます。

校長として3年目になった頃、「学習する学校」モデルづくりを伴走くださっている熊平さんと福田さんから、「赤司さんはもともとリードしないタイプのリーダーで、みんなの主体性を大事にしたい人。間接的に人を動かすスタイルだったのが、だんだん指示することも出てきて、**新しいスタイルが自分の中で増えている**のだろうと思う（熊平さん）」「一緒にやろうというお誘い型のリーダーシップから、こうしていこうという指示や提示のリーダーシップ、この2つが使えるようになると、どっしり感というか貫禄が出てくるのだと思う。そして次に、コアメンバーに頼ったり任せたりと違うレパートリーを持つはず。そうするとまた**リーダーシップがいろいろ変化していく**んじゃないか（福田さん）」と言っていただきました。そのとおり、校長としての顔が1つではなくなってきた感覚はあり、それが、リーダーシップスタイルが増えたということなのかもしれません。

結局のところ校長に最適な資質・能力はなく、**自分の長所や経験を強みにしながらリーダーとして足りないところは補っていく**しかないのだと思っています。全国には3万4966の学校があります（令和6年度学校基本統計による。小・中・高校、義務教育学校、中等教育学校、特別支援学校を含む）。つまり、それだけ校長がいるということで、その数だけスクールリーダーとしてのスタイルが存在していいはずです。誰一人同じ子はいない学校において、校長もそれぞれ自分らしいリーダーシップを発揮し、教職員の個性を活かして、子どもたちの個性を受け止める学校が増えることを心から願っています。

この本に記した内容は、社会人になってから今まで、仕事やプライベートで接した様々なリーダーの方々から教わり、新陽高校の先生や生徒との対話の中で培われたものです。これまでに関わった全ての人への感謝と共に、直接恩返しをするのは難しくてもせめて得たナレッジを恩送りできたらと思って本書を書きました。この一部でも、全国の学校現場で日々尽力されている校長やミドルリーダーの方々が役立ててくださったら本望です。

2025年1月／赤司展子

【著者紹介】

赤司　展子（あかし　のぶこ）

千葉県生まれ。女子学院高等学校，早稲田大学商学部卒業後，三井物産，アルフレックスジャパン，UBS 証券を経て2007年 PwC Japan 入社。財務報告や事業再生プロジェクトに携わる。2014年から2016年まで PwC の社会貢献活動の一環として福島県双葉郡教育復興ビジョン推進協議会へ出向しビジョンの具現化を推進。一人ひとりが違いを認め合い創造性を発揮できる社会を目指し「学びの多様化」に取り組むため2018年ウィーシュタインズ株式会社を設立。2021年４月より札幌新陽高等学校の校長を務める。ウィーシュタインズ株式会社 代表取締役，NPO 法人インビジブル 理事，社会彫刻家。

校長の行動戦略入門
「カリスマ」じゃなくても変化を起こせるマインドと方法

2025年２月初版第１刷刊 ©著　者　赤　司　展　子
発行者　藤　原　光　政
発行所　明治図書出版株式会社
http://www.meijitosho.co.jp
（企画）大江文武（校正）中野真実
〒114-0023　東京都北区滝野川7-46-1
振替00160-5-151318　電話03(5907)6701
ご注文窓口　電話03(5907)6668

＊検印省略　組版所　長野印刷商工株式会社

Printed in Japan　ISBN978-4-18-060468-5